ESTADO, GOVERNO, SOCIEDADE
Para uma teoria geral da política

NOBERTO BOBBIO

ESTADO, GOVERNO, SOCIEDADE
Para uma teoria geral da política

Tradução
Marco Aurélio Nogueira

19ª edição

Paz & Terra

São Paulo | Rio de Janeiro
2014

Copyright by
Giulio Elianudi editore, Turim, 1985
Traduzido do original em italiano
Stato, governo, società. Per una teoria generale della política

Capa
Isabel Carballo
Revisão
Ruth Kluska Rosa
Benigna Rodrigues

1ª edição: junho de 1986
19ª reimpressão

CIP-Brasil. Catalogação na fonte
Sindicato Nacional dos Editores de Livros, RJ

B637e

Bobbio, Norberto, 1909
Estado, governo, sociedade; por uma teoria geral da política/
Norberto Bobbio; tradução Marco Aurélio Nogueira. — Rio de Janeiro: Paz e Terra, 2014.
(Coleção Pensamento Crítico, v. 69)
Tradução de: Stato, governo, società: per una teoria generale della política.
Bibliografia.

87-0427

1. Estado. 2. Direito público. I. Título. 11. Série.   CDD-320.101
CDU 342.1

ISBN 978-85-7753-017-5

EDITORA PAZ E TERRA LTDA.
Rua do Triunfo, 177
Santa Ifigênia, São Paulo, SP- CEP 01212-010

2014
Impresso no Brasil/ *Printed in Brazil*

Índice

Prefácio 9

I. *A grande dicotomia: público/privado* 13
   1. Uma dupla dicotômica 13
   2. As dicotomias correspondentes 15
   3. O uso axiológico da grande dicotomia 20
   4. O segundo significado da dicotomia 27

II. *A sociedade civil* 33
   1. As várias acepções 33
   2. A interpretação marxiana 37
   3. O sistema hegeliano 41
   4. A tradição jusnaturalista 44
   5. Sociedade civil como sociedade civilizada 47
   6. O debate atual 49

III. *Estado, poder e governo* 53
   1. Para o estudo do Estado 53
   2. O nome e a coisa 65
   3. O Estado e o poder 76
   4. O fundamento do poder 86
   5. Estado e direito 93
   6. As formas de governo 104
   7. As formas de Estado 113
   8. O fim do Estado 126

IV. *Democracia e ditadura* 135
   1. A democracia na teoria das formas de governo 135
   2. O uso descritivo 137
   3. O uso prescritivo 139
   4. O uso histórico 146
   5. A democracia dos modernos 149
   6. Democracia representativa e democracia direta 152
   7. Democracia política e democracia social 155
   8. Democracia formal e democracia substancial 157
   9. A ditadura dos antigos 158
  10. A ditadura moderna 161
  11. A ditadura revolucionária 163

Referências Bibliográficas 167

Prefácio

Reúno neste pequeno volume, sem correções substanciais, quatro verbetes escritos para a *Enciclopédia Einaudi*, respectivamente nos volumes IV (1978), "Democracia/ditadura", XI (1980), "Público/privado", XIII (1981), "Sociedade civil" e "Estado". São temas contíguos e inter-relacionados, às vezes (e por isso me desculpo com o leitor) não sem alguma inevitável repetição. O primeiro e o segundo são apresentados diretamente sob a forma de antíteses. O terceiro e o quarto representam, por sua vez, os termos de uma outra antítese, não menos crucial na história do pensamento político: Sociedade civil/Estado.

Uma das idéias inspiradoras da *Enciclopédia* — a análise de alguns termos-chaves juntamente com o seu contrário — era-me particularmente congenial. Em 1974 escrevi um artigo sobre a clássica distinção entre direito privado e direito público e o intitulei: "A grande dicotomia"[1]. A antítese democracia/ditadura reproduz com termos da linguagem comum a contraposição filosófica, por mim muitas vezes reproposta, através de Kelsen e retornando a Kant, entre autonomia e heteronomia. A antítese sociedade civil/Estado fora já por mim ilustrada historicamente através da obra de Hegel[2], de Marx, de Gramsci[3], e analiticamente no verbete "Sociedade civil" do *Dicionário político* da editora Utet.

---

1. Agora em N. Bobbio, *Della struttura alla funzione. Nuovi studi di teoria del diritto*. Edizioni di Comunità, Milão, pp. 145-63.
2. In idem, *Studi hegeliani. Diritto, società civile, Stato*. Einaudi, Turim, 1981, pp. 147-58.
3. Idem, *O Conceito de Sociedade Civil*. Rio de Janeiro, Graal, 1982.

O tratamento por antíteses oferece a vantagem, em seu uso descritivo, de permitir que um dos dois termos jogue luz sobre o outro, tanto que freqüentemente um (o termo fraco) é definido como a negação do outro (o termo forte), por exemplo o privado como aquilo que não é público; em seu uso axiológico, de colocar em evidência o juízo de valor positivo ou negativo, que segundo os autores pode recair sobre um ou sobre o outro dos dois termos, como sempre ocorreu na velha disputa referente ao saber se é preferível a democracia ou a autocracia; em seu uso histórico, de delinear até mesmo uma filosofia da história, por exemplo a passagem de uma época de primado do direito privado a uma época de primado do direito público.

Dos quatro textos, o mais amplo é inegavelmente aquele sobre "Estado, poder e governo", que reproduz o verbete "Estado". Ele resume e compendia em parte os outros três. Foi concebido como uma tentativa, não sei se bem sucedida, de abraçar o vastíssimo campo dos problemas do Estado, considerando-os dos dois pontos de vista: jurídico e político, freqüentemente dissociados — ou seja, o Estado como ordenamento jurídico e como poder soberano. Nele exprimi algumas idéias que jamais havia apresentado antes com igual abrangência, especialmente no que diz respeito ao poder, às suas várias formas, e aos diversos critérios de legitimação. Os outros ensaios, ao contrário, são reelaborações de escritos precedentes ou contemporâneos: "A grande dicotomia: público/privado" remete em parte a "Público-privado. Introdução a um debate" (1982)[4], em parte a "Democracia e poder invisível" (1980)[5]; "A sociedade civil" remete aos textos citados anteriormente e também ao ensaio "Sobre a noção de sociedade civil" (1968)[6]; "Democracia e ditadura" é extraído em grande parte do curso *A teoria das formas de governo na história do pensamento político* (1976)[7].

---

4. In "Fenomenologia e società", V, n.º 18, junho 1982, pp. 166-77.
5. Agora em idem, *O futuro da democracia*. Rio de Janeiro, Paz e Terra, 1986, pp. 83-106.
6. In "De homine", VII, n.º 24-25, março 1968, pp. 19-36.
7. *A Teoria das Formas de Governo*. Brasília, Editora Universidade de Brasília, 1980.

Trata-se de temas sobre os quais me exercitei com freqüência nesses últimos dez anos: singularmente considerados, constituem fragmentos de uma teoria geral da política, ainda a ser escrita.

Norberto Bobbio
Julho 1985

I.
A grande dicotomia: público/privado

1. Uma dupla dicotômica

Através de duas comentadíssimas passagens do *Corpus iuris* [*Institutiones*, I, I, 4; *Digesto*, I, I, I, 2], que definem com idênticas palavras respectivamente o direito público e o direito privado — o primeiro: *quod ad statum rei romanae spectat*, o segundo: *quod ad singulorum utilitatem* —, a dupla de termos público/privado fez seu ingresso na história do pensamento político e social do Ocidente. Depois, através do uso constante e contínuo, sem substanciais modificações, terminou por se tornar uma daquelas "grandes dicotomias" das quais uma ou mais disciplinas, neste caso não apenas as disciplinas jurídicas, mas também as sociais e em geral históricas, servem-se para delimitar, representar, ordenar o próprio campo de investigação, como por exemplo, para ficar no âmbito das ciências sociais, paz/guerra, democracia/autocracia, sociedade/comunidade, estado de natureza/estado civil. Podemos falar corretamente de uma grande dicotomia quando nos encontramos diante de uma distinção da qual se pode demonstrar a capacidade: *a*) de dividir um universo em duas esferas, conjuntamente exaustivas, no sentido de que todos os entes daquele universo nelas tenham lugar, sem nenhuma exclusão, e reciprocamente exclusivas, no sentido de que um ente compreendido na primeira não pode ser contemporaneamente compreendido na segunda; *b*) de estabelecer uma divisão que é ao mesmo tempo total, enquanto todos os entes aos quais atualmente e potencialmente a disciplina se refere devem nela ter lugar, e principal, enquanto tende a fazer convergir em sua direção outras dicotomias que se tornam, em relação a ela, secundárias. Na linguagem jurídica, a preeminência da distinção entre direito privado e direito público sobre todas as outras distinções, a constância do uso nas diversas épocas históricas, a sua força inclusiva, foram tão expressivas que induziram um filósofo do direito de orientação neokantiana a considerar os conceitos de direito privado e de direito público inclusive como duas categorias *a priori* do pensamento jurídico [Radbruch, 1932, pp. 122-27].

Os dois termos de uma dicotomia podem ser definidos um independentemente do outro, ou então apenas um deles é definido e o outro ganha uma definição negativa (a "paz" como "não-guerra"). Neste segundo caso diz-se que o primeiro é o termo forte, o segundo o termo fraco. A definição de direito público e de direito privado acima mencionada é um exemplo do primeiro caso, mas dos dois termos o mais forte é o primeiro, na medida em que ocorre freqüentemente de "privado" ser definido como "não-público" (*privatus qui in magistratu non est*, Forcellini), raramente o contrário. Além do mais, pode-se dizer que os dois termos de uma dicotomia condicionam-se reciprocamente, no sentido de que se reclamam continuamente um ao outro: na linguagem jurídica, a escritura pública remete imediatamente por contraste à escritura privada e vice-versa; na linguagem comum, o interesse público determina-se imediatamente em relação e em contraste com o interesse privado e vice-versa. Enfim, no interior do espaço que os dois termos delimitam, a partir do momento em que este espaço é totalmente ocupado (*tertium non datur*), eles por sua vez se delimitam reciprocamente, no sentido de que a esfera do público chega até onde começa a esfera do privado e vice-versa. Para cada uma das situações a que convém o uso da dicotomia, as duas respectivas esferas podem ser diversas, cada uma delas ora maior ora menor, ou por um ou por outro dos dois termos. Um dos lugares-comuns do secular debate sobre a relação entre a esfera do público e a do privado é que, aumentando a esfera do público, diminui a do privado, e aumentando a esfera do privado diminui a do público; uma constatação que é geralmente acompanhada e complicada por juízos de valor contrapostos.

Sejam quais forem a origem da distinção e o momento de seu nascimento, a dicotomia clássica entre direito privado e direito público reflete a situação de um grupo social no qual já ocorreu a diferenciação entre aquilo que pertence ao grupo enquanto tal, à coletividade, e aquilo que pertence aos membros singulares; ou, mais em geral, entre a sociedade global e eventuais grupos menores (como a família), ou ainda entre um poder central superior e os poderes periféricos inferiores que, com relação àquele, gozam de uma autonomia apenas relativa, quando dele não dependem totalmente. De fato, a originária diferenciação entre o direito público e o privado é acompanhada pela afirmação da supremacia do primeiro sobre o segundo, como é atestado por um dos princípios fundamentais que regem todo ordenamento em que vigora a grande divisão — o princípio segundo o qual *ius publicum privatorum pactis mutari non potest* [*Digesto,* 38, 2, 14] ou *privatorum conventio iuri publico non derogat* [*ib.,* 45, 50, 17]. Não obstante o secular debate, provocado pela variedade de critérios à base dos quais foi justificada (ou se acreditou poder justificar) a divisão das duas esferas, o critério fundamental permanece sendo aquele dos diversos sujeitos a que se pode referir a noção geral de *utilitas:* ao lado da *singulorum utilitas* da definição citada, não se deve esquecer a célebre definição ciceroniana de *res publica,* segundo a qual essa é uma "coisa do povo" desde que por povo se entenda não uma agregação qualquer de homens, mas uma sociedade mantida junta, mais que por um vínculo jurídico, pela *utilitatis comunione* [*De re publica,* I, 41, 48].

2. As dicotomias correspondentes

A relevância conceitual e também classificatória, senão axiológica, da dicotomia público/privado revela-se no fato de que ela compreende, ou nela convergem, outras dicotomias tradicionais e recorrentes nas ciências sociais, que a completam e podem inclusive substituí-la.

Sociedade de iguais e sociedade de desiguais

Sendo o direito um ordenamento de relações sociais, a grande dicotomia público/privado duplica-se primeiramente na distinção de dois tipos de relações sociais: entre iguais e entre desiguais. O Estado, ou qualquer outra sociedade organizada onde existe uma esfera pública, não importa se total ou parcial, é caracterizado por relações de subordinação entre governantes e governados, ou melhor, entre detentores do poder de comando e destinatários do dever de obediência, que são relações entre desiguais; a sociedade natural tal como descrita pelos jusnaturalistas, ou a sociedade de mercado na idealização dos economistas clássicos, na medida em que são elevadas a modelo de uma esfera privada contraposta à esfera pública, são caracterizadas por relações entre iguais ou de coordenação. A distinção entre sociedade de iguais e sociedade de desiguais não é menos clássica do que a distinção entre esfera privada e esfera pública. Assim Vico: *"Omnis societas omnino duplex, inaequalis et aequalis"* [1720, cap. LX]. Entre as primeiras estão a família, o Estado, a sociedade entre Deus e os homens; entre as segundas, a sociedade entre irmãos, parentes, amigos, cidadãos, hóspedes, inimigos.

Pelos exemplos pode-se ver que as duas dicotomias — público/privado e sociedade de iguais/sociedade de desiguais — não se superpõem por completo: a família pertence convencionalmente à esfera privada contraposta à esfera pública, ou melhor, é reconduzida à esfera privada lá onde é superada por uma organização mais complexa, que é exatamente a cidade (no sentido aristotélico da palavra) ou o Estado (no sentido dos escritores políticos modernos); mas, com respeito à diferença das duas sociedades, é uma sociedade de desiguais, embora seja possível encontrar a prova da pertinência convencional da família à esfera privada no fato de que o direito público europeu que acompanha a formação do Estado constitucional moderno considerou privatistas as concepções patriarcalistas, paternalistas ou despóticas do poder soberano, que assimilam o Estado a uma família ampliada ou atribuem ao soberano os mesmos poderes que pertencem ao patriarca, ao pai ou ao patrão, senhores por vários títulos e com diversa força da sociedade familiar. De outra parte, a relação entre inimigos — que Vico considera no âmbito das relações entre iguais (de resto corretamente, pois a sociedade internacional é abstratamente considerada como uma sociedade de entes formalmente iguais ao ponto de ter sido assimilada, de Hobbes a Hegel, ao estado de natureza) é inserida habitualmente na esfera do direito público, mas do direito público externo, que regula as relações entre estados, e não do direito público interno, regulador das relações entre governantes e governados de um mesmo estado.

Com o nascimento da economia política, da qual deriva a diferenciação entre a esfera das relações econômicas e a esfera das relações políticas, entendidas as relações econômicas como relações substancialmente de desiguais por efeito da divisão do trabalho mas formalmente iguais no mercado, a dicotomia público/privado volta a se apresentar sob a forma de distinção entre sociedade política (ou de desiguais) e sociedade econômica (ou de iguais), ou do ponto de vista do sujeito característico de ambas, entre a sociedade do *citoyen* que atende ao interesse público e a sociedade do *bourgeois* que cuida dos próprios interesses privados em concorrência ou em colaboração com outros indivíduos. Por detrás da distinção entre esfera econômica e esfera política reaparece a antiga distinção entre a *singulorum utilitas* e o *status rei publicae*, com a qual aparecera pela primeira vez a distinção entre a esfera do privado e a do público. Assim também a distinção jusnaturalista entre estado de natureza e estado civil se recompõe, através do nascimento da economia política, na distinção entre sociedade econômica (e enquanto tal não política) e sociedade política; posteriormente, entre sociedade civil (entendida hegelianamente, ou melhor, marxianamente, como sistema das necessidades) e estado político: donde então se deve notar que a linha de separação entre estado de natureza, esfera econômica, sociedade civil, de um lado, e estado civil, esfera política, estado político, de outro, passa sempre entre sociedade de iguais (ao menos formalmente) e sociedade de desiguais.

Lei e contrato

A outra distinção conceitualmente e historicamente relevante que conflui na grande dicotomia é a relativa às fontes (no sentido técnico-jurídico do termo) respectivamente do direito público e do direito privado: a lei e o contrato (ou mais em geral o assim chamado "negócio jurídico"). Numa passagem de Cícero que chega a ser um notável ponto de referência, está dito que o direito público consiste na *lex*, no *senatus consultus* e no *foedus* (o tratado internacional); o direito privado, nas *tabulae*, na *pactum conventum* e na *stipulatio* [*Partitiones oratoriae*, 37, 131]. Como se vê, aqui o critério de distinção entre direito público e privado é o diverso modo com o qual um e outro passam a existir enquanto conjunto de regras vinculatórias da conduta: o direito público é tal enquanto posto pela autoridade política, e assume a forma específica, sempre mais predominante com o passar do tempo, da "lei" no sentido moderno da palavra, isto é, de uma norma que é vinculatória porque posta pelo detentor do supremo poder (o soberano) e habitualmente reforçada pela coação (cujo exercício exclusivo pertence exatamente ao soberano); o direito privado ou, como seria mais exato dizer, o direito dos privados, é o conjunto das normas que os singulares estabelecem para regular suas recíprocas relações, as mais importantes das quais são as relações patrimoniais, mediante acordos bilaterais, cuja força vinculatória repousa primeiramente, e *naturaliter*, isto é, independentemente da regulamentação pública, sobre o princípio da reciprocidade (*do ut des*).

A superposição das duas dicotomias, privado/público e contrato/lei, revela toda sua força explicativa na doutrina moderna do direito natural, pela qual o contrato é a forma típica com que os indivíduos singulares regulam suas relações no estado de natureza, isto é, no estado em que ainda não existe um poder público, enquanto a lei, definida habitualmente como a expressão mais alta do poder soberano (*voluntas superioris*), é a forma com a qual são reguladas as relações dos súditos entre si, e entre o Estado e os súditos, na sociedade civil, isto é, naquela sociedade que é mantida junta por uma autoridade superior aos indivíduos singulares. Por sua vez, a contraposição entre estado de natureza e estado civil como contraposição entre esfera das livres relações contratuais e esfera das relações reguladas pela lei é recebida e convalidada por Kant, no qual chega à conclusão o processo de identificação das duas grandes dicotomias da doutrina jurídica, direito privado/direito público de um lado, direito natural/direito positivo de outro: o direito privado ou dos privados é o direito do estado de natureza, cujos institutos fundamentais são a propriedade e o contrato; o direito público é o direito que emana do Estado, constituído sobre a supressão do estado de natureza, e portanto é o direito positivo no sentido próprio da palavra, o direito cuja força vinculatória deriva da possibilidade de que seja exercido em sua defesa o poder coativo pertencente de maneira exclusiva ao soberano.

A melhor confirmação do fato de que a contraposição entre direito privado e direito público passa através da distinção entre contrato e lei pode ser extraída da crítica que os escritores pós-jusnaturalistas (*in primis* Hegel) dirigem ao contratualismo dos jusnaturalistas, isto é, à doutrina que funda o Estado sobre o con-

mais em geral, entre a sociedade global e eventuais grupos menores (como a família), ou ainda entre um poder central superior e os poderes periféricos inferiores que, com relação àquele, gozam de uma autonomia apenas relativa, quando dele não dependem totalmente. De fato, a originária diferenciação entre o direito público e o privado é acompanhada pela afirmação da supremacia do primeiro sobre o segundo, como é atestado por um dos princípios fundamentais que regem todo ordenamento em que vigora a grande divisão — o princípio segundo o qual *ius publicum privatorum pactis mutari non potest* [*Digesto,* 38, 2, 14] ou *privatorum conventio iuri publico non derogat* [*ib.,* 45, 50, 17]. Não obstante o secular debate, provocado pela variedade de critérios à base dos quais foi justificada (ou se acreditou poder justificar) a divisão das duas esferas, o critério fundamental permanece sendo aquele dos diversos sujeitos a que se pode referir a noção geral de *utilitas:* ao lado da *singulorum utilitas* da definição citada, não se deve esquecer a célebre definição ciceroniana de *res publica,* segundo a qual essa é uma "coisa do povo" desde que por povo se entenda não uma agregação qualquer de homens, mas uma sociedade mantida junta, mais que por um vínculo jurídico, pela *utilitatis comunione* [*De re publica,* I, 41, 48].

2. As dicotomias correspondentes

A relevância conceitual e também classificatória, senão axiológica, da dicotomia público/privado revela-se no fato de que ela compreende, ou nela convergem, outras dicotomias tradicionais e recorrentes nas ciências sociais, que a completam e podem inclusive substituí-la.

Sociedade de iguais e sociedade de desiguais

Sendo o direito um ordenamento de relações sociais, a grande dicotomia público/privado duplica-se primeiramente na distinção de dois tipos de relações sociais: entre iguais e entre desiguais. O Estado, ou qualquer outra sociedade organizada onde existe uma esfera pública, não importa se total ou parcial, é caracterizado por relações de subordinação entre governantes e governados, ou melhor, entre detentores do poder de comando e destinatários do dever de obediência, que são relações entre desiguais; a sociedade natural tal como descrita pelos jusnaturalistas, ou a sociedade de mercado na idealização dos economistas clássicos, na medida em que são elevadas a modelo de uma esfera privada contraposta à esfera pública, são caracterizadas por relações entre iguais ou de coordenação. A distinção entre sociedade de iguais e sociedade de desiguais não é menos clássica do que a distinção entre esfera privada e esfera pública. Assim Vico: *"Omnis societas omnino duplex, inaequalis et aequalis"* [1720, cap. LX]. Entre as primeiras estão a família, o Estado, a sociedade entre Deus e os homens; entre as segundas, a sociedade entre irmãos, parentes, amigos, cidadãos, hóspedes, inimigos.

Pelos exemplos pode-se ver que as duas dicotomias — público/privado e sociedade de iguais/sociedade de desiguais — não se superpõem por completo: a família pertence convencionalmente à esfera privada contraposta à esfera pública, ou melhor, é reconduzida à esfera privada lá onde é superada por uma organização mais complexa, que é exatamente a cidade (no sentido aristotélico da palavra) ou o Estado (no sentido dos escritores políticos modernos); mas, com respeito à diferença das duas sociedades, é uma sociedade de desiguais, embora seja possível encontrar a prova da pertinência convencional da família à esfera privada no fato de que o direito público europeu que acompanha a formação do Estado constitucional moderno considerou privatistas as concepções patriarcalistas, paternalistas ou despóticas do poder soberano, que assimilam o Estado a uma família ampliada ou atribuem ao soberano os mesmos poderes que pertencem ao patriarca, ao pai ou ao patrão, senhores por vários títulos e com diversa força da sociedade familiar. De outra parte, a relação entre inimigos — que Vico considera no âmbito das relações entre iguais (de resto corretamente, pois a sociedade internacional é abstratamente considerada como uma sociedade de entes formalmente iguais ao ponto de ter sido assimilada, de Hobbes a Hegel, ao estado de natureza) é inserida habitualmente na esfera do direito público, mas do direito público externo, que regula as relações entre estados, e não do direito público interno, regulador das relações entre governantes e governados de um mesmo estado.

Com o nascimento da economia política, da qual deriva a diferenciação entre a esfera das relações econômicas e a esfera das

trato social: para Hegel, um instituto de direito privado como o contrato não pode ser elevado a fundamento legítimo do Estado ao menos por duas razões, estreitamente ligadas à natureza mesma do vínculo contratual distinto do vínculo que deriva da lei: em primeiro lugar, porque o vínculo que une o Estado aos cidadãos é permanente e irrevogável, enquanto o vínculo contratual é revogável pelas partes; em segundo lugar, porque o Estado pode pretender de seus cidadãos, embora em circunstâncias excepcionais, o sacrifício do bem maior, a vida, que é um bem contratualmente indisponível. Não por acaso para todos os críticos do jusnaturalismo o contratualismo é rejeitado enquanto concepção privatista (e por isso inadequada) do Estado, o qual, para Hegel, tira sua legitimidade, e assim o direito de comandar e de ser obedecido, ou do mero fato de representar numa determinada situação histórica o espírito do povo ou de se encarnar no homem do destino (o "herói" ou "o homem da história universal"), em ambos os casos numa força que transcende aquela que pode derivar do agregar-se e acordar-se de vontades individuais.

Justiça comutativa e justiça distributiva

A terceira distinção que conflui na dicotomia público/privado, podendo iluminá-la e ser por ela iluminada, é a que diz respeito às duas formas clássicas da justiça: distributiva e comutativa. A justiça comutativa é a que preside às trocas: sua pretensão fundamental é que as duas coisas que se trocam sejam, para que a troca possa ser considerada "justa", de igual valor, donde num contrato comercial é justo o preço que corresponde ao valor da coisa comprada, no contrato de trabalho é justa a remuneração que corresponde à qualidade ou quantidade do trabalho realizado, no direito civil é justa a indenização que corresponde à dimensão do dano, no direito penal a justa pena é aquela na qual existe correspondência entre o *malum actionis* e o *malum passionis*. A diferença entre esses quatro casos típicos é que nos dois primeiros tem lugar a compensação de um bem com um outro bem, nos dois últimos de um mal com um outro mal. A justiça distributiva é aquela na qual se inspira a autoridade pública na distribuição de honras ou de obrigações: sua pretensão é que a cada um seja dado o que lhe cabe com base em critérios que podem mudar segundo a diversidade das situações objetivas, ou segundo os pontos de vista: os critérios mais comuns são "a cada um segundo o mérito", "a cada um segundo a necessidade", "a cada um segundo o trabalho". Em outras palavras, a justiça comutativa foi definida como a que tem lugar entre as partes, a distributiva como a que tem lugar entre o todo e as partes. Esta nova superposição entre esfera privada e afirmação da justiça comutativa de um lado, e esfera pública e afirmação da justiça distributiva de outro, ocorreu através da mediação da distinção, já mencionada, entre sociedade de iguais e sociedade de desiguais. Claro exemplo desta mediação é oferecido pelo próprio Vico, para quem a justiça comutativa, por ele denominada *equatrix,* regula as sociedades de iguais, enquanto a justiça distributiva, denominada *rectrix,* regula as sociedades de desiguais, como a família e o Estado [1720, cap. LXIII].

É preciso advertir mais uma vez que todas essas correspondências devem ser acolhidas com cautela, pois a coincidência entre uma e outra jamais é perfeita. Também aqui os casos-limite são a família e a sociedade internacional: a família, enquanto vive no âmbito do Estado, é um instituto de direito privado, mas é ao mesmo tempo uma sociedade de desiguais e está regida pela justiça distributiva; a sociedade internacional, que ao contrário é uma sociedade de iguais (formalmente) e está regida pela justiça comutativa, é habitualmente referida à esfera do público, pelo menos *ratione subiecti,* na medida em que os sujeitos da sociedade internacional são os Estados, os entes públicos por excelência.

3. O uso axiológico da grande dicotomia

Além do significado descritivo, ilustrado nos dois parágrafos precedentes, os dois termos da dicotomia público/privado têm também um significado valorativo. Como se trata de dois termos que no uso descritivo comum passam por ser contraditórios, no sentido de que no universo por ambos delimitado um ente não pode ser simultaneamente público e privado, e sequer nem público nem privado, também o significado valorativo de um tende a ser oposto ao do outro, no sentido de que, quando é atribuído um significado valorativo positivo ao primeiro, o segundo adquire um significado valorativo negativo, e vice-versa. Daí derivam duas concepções diversas da relação entre público e privado, que podem ser definidas como a do primado do privado sobre o público, a primeira, e a do primado do público sobre o privado, a segunda.

O primado do privado

O primado do direito privado se afirma através da difusão e da recepção do direito romano no Ocidente: o direito assim chamado das *Pandette* é em grande parte direito privado, cujos institutos principais são a família, a propriedade, o contrato e os testamentos. Na continuidade da sua duração e na universalidade da sua extensão, o direito privado romano adquire o valor de direito da razão, isto é, de um direito cujo validade passa a ser reconhecida independentemente das circunstâncias de tempo e de lugar de onde se originou e está fundada sobre a "natureza das coisas", através de um processo não diverso daquele por meio do qual, muitos séculos mais tarde, a doutrina dos primeiros economistas — depois chamados de clássicos (como foram chamados de clássicos os grandes juristas da idade de ouro da jurisprudência romana) — será considerada como a única economia possível porque descobre, reflete e descreve relações naturais (próprias do domínio da natureza ou "fisiocracia"). Em outras palavras, o direito privado romano, embora tendo sido na origem um direito positivo e histórico (codificado pelo *Corpus iuris* de Justiniano), transforma-se através da obra secular dos juristas, glosadores, comentadores, sistematizadores, num direito natural, até transformar-se de novo em direito positivo com as grandes codificações do início do século XIX, especialmente a napoleônica (1804) — um direito positivo ao qual seus primeiros comentadores atribuem uma validade absoluta, considerando-o como o direito da razão.

Durante séculos portanto o direito privado foi o direito por excelência. Ainda em Hegel, *Recht* — sem nenhum outro acréscimo — significa direito privado, o "direito abstrato" dos *Princípios de Filosofia do Direito* (*Grundlinien der Philosophie des Rechts,* 1821), enquanto o direito público é indicado, ao menos nos primeiros escritos, com a expressão *Verfassung,* "constituição". Também Marx, quando fala de direito e desenvolve a crítica (que hoje seria chamada de ideológica) do direito, refere-se sempre ao direito privado, cujo instituto principal, tomado em consideração, é o contrato entre entes formalmente (embora não substancialmente) iguais. O direito que através de Marx se identifica com o direito burguês é essencialmente o direito privado, enquanto a crítica do direito público se apresenta como crítica não tanto de uma forma de direito, mas da concepção tradicional do Estado e do poder político. O primeiro e maior teórico do direito soviético, Pasukanis, dirá [1924] que "o núcleo mais sólido da nebulosa jurídica ... está ... no campo das relações de direito privado", já que o pressuposto fundamental da regulamentação jurídica (aqui deveria ter acrescentado "privado") é "o antagonismo dos interesses privados", donde se explica por que "as linhas fundamentais do pensamento jurídico romano conservaram valor até os nossos dias como a *ratio scripta* de toda sociedade produtora de mercadorias" [trad. it. pp. 122-27]. Enfim, criticando como ideológica e portanto como não científica a distinção entre direito privado e direito público, Kelsen observou [1960] que as relações de direito privado podem ser definidas "como 'relações jurídicas' *tout court,* como relações 'de direito' no sentido mais próprio e estrito do termo, para a elas contrapor as relações de direito público como relações de 'poder' " [trad. it. p. 312].

O direito público como corpo sistemático de normas nasce muito tarde com respeito ao direito privado: apenas na época da formação do Estado moderno, embora possam ser encontradas as origens dele entre os comentadores do século XIV, como Bartolo di Sassoferrato. Por outro lado, enquanto as obras de direito privado — sobre a propriedade e sobre a posse, sobre os contratos e sobre os testamentos — são tratados exclusivamente jurídicos, os grandes tratados sobre o Estado continuam por séculos, mesmo quando escritos por juristas, dos *Seis livros da República* de Bodin (1576) à *Doutrina geral do Estado* (*Allgemeine Staatslehre*) de Jellinek (1910), a ser obras não exclusivamente jurídicas. Não que o direito romano não tivesse fornecido qualquer princípio significativo para a solução de alguns problemas capitais do direito público europeu, a começar da *lex regia de imperio* [*Digesto,* 1, 4, I] segundo a qual aquilo que o *princeps* estabelece tem a força de lei (*habet legis vigorem*) desde que o povo lhe tenha atribuído este poder, que é originariamente do povo, donde a longa disputa sobre se o povo teria transmitido ou apenas concedido o poder ao soberano. Porém, com a dissolução do Estado antigo e com a formação das monarquias germânicas, as relações políticas sofreram uma transformação tão profunda e surgiram na sociedade medieval problemas tão diversos — como aqueles das relações entre Estado e Igreja, entre o império e os reinos, entre os reinos e as cidades — que o direito romano passou a oferecer apenas bem poucos instrumentos de interpretação e análise. Resta ainda observar que, não obstante tudo, duas categorias fundamentais do direito público europeu, das quais se serviram durante séculos os juristas para a construção de uma teoria jurídica do Estado, derivaram do direito privado: o *dominium,* entendido como poder patrimonial do monarca sobre o território do Estado, que, como tal, se distingue do *imperium,* que representa o poder de comando sobre os súditos; e o *pactum,* com todas as suas espécies, *societatis, subiectionis, unionis,* que passa por princípio de legitimação do poder em toda a tradição contratualista que vai de Hobbes a Kant.

Um dos eventos que melhor do que qualquer outro revela a persistência do primado do direito privado sobre o direito público é a resistência que o direito de propriedade opõe à ingerência do poder soberano, e portanto ao direito por parte do soberano de expropriar (por motivos de utilidade pública) os bens do súdito. Mesmo um teórico do absolutismo como Bodin considera injusto o príncipe que viola sem motivo justo e razoável a propriedade de seus súditos, e julga tal ato uma violação das leis naturais a que o príncipe está submetido ao lado de todos os outros homens [1576, I, 8]. Hobbes, que atribui ao soberano um poder não controlado sobre a esfera privada dos súditos, reconhece entretanto que os súditos são livres para fazer tudo aquilo que o soberano não proibiu, e o primeiro exemplo que lhe vem à mente é "a liberdade de comprar, de vender e de fazer outros contratos um com o outro" [1651, cap. XXI]. Com Locke a propriedade converte-se num verdadeiro direito natural, pois nasce do esforço pessoal no estado de natureza antes da constituição do poder político, e como tal deve ter o seu livre exercício garantido pela lei do Estado (que é a lei do povo). Através de Locke a inviolabilidade da propriedade, que compreende todos os outros direitos individuais naturais, como a liberdade e a vida, e indica a existência de uma esfera do indivíduo singular autônoma com respeito à esfera sobre a qual se estende o poder público, torna-se um dos eixos da concepção liberal do Estado, que nesse contexto pode então ser redefinida como a mais consciente, coerente e historicamente relevante teoria do primado do privado sobre o público. A autonomia da esfera privada do indivíduo singular com respeito à esfera de competência do Estado é elevada por Constant a emblema da liberdade dos modernos contraposta à liberdade dos antigos, no quadro de uma filosofia da história na qual o *esprit de commerce,* que move as energias individuais, está destinado a tomar a dianteira sobre o *esprit de conquête,* do qual são possuidores os detentores do poder político, e a esfera privada se alarga em detrimento da esfera pública, senão ao ponto da extinção do Estado, ao menos até a sua redução aos mínimos termos. Redução que Spencer celebra na contraposição entre sociedades militares do passado e sociedades industriais do presente, entendida exatamente como contraposição entre sociedades nas quais a esfera pública prevalece sobre a esfera privada e sociedades nas quais se desenrola o processo inverso.

O primado do público

O primado do público assumiu várias formas segundo os vários modos através dos quais se manifestou, sobretudo no último século, a reação contra a concepção liberal do Estado e se configurou a derrota histórica, embora não definitiva, do Estado mínimo. Ele se funda sobre a contraposição do interesse coletivo ao interesse individual e sobre a necessária subordinação, até à eventual supressão, do segundo ao primeiro, bem como sobre a irredutibilidade do bem comum à soma dos bens individuais, e portanto sobre a crítica de uma das teses mais correntes do utilitarismo elementar. Assume várias formas segundo o diverso modo através do qual é entendido o ente coletivo — a nação, a classe, a comunidade do povo — a favor do qual o indivíduo deve renunciar à própria autonomia. Não que todas as teorias do primado do público sejam histórica e politicamente passíveis de ser postas no mesmo plano, mas a todas elas é comum a idéia que as guia, resolvível no seguinte princípio: o todo vem antes das partes. Trata-se de uma idéia aristotélica e mais tarde, séculos depois, hegeliana (de um Hegel que nesta circunstância cita expressamente

Aristóteles); segundo ela, a totalidade tem fins não reduzíveis à soma dos fins dos membros singulares que a compõem e o bem da totalidade, uma vez alcançado, transforma-se no bem das suas partes, ou, com outras palavras, o máximo bem dos sujeitos é o efeito não da perseguição, através do esforço pessoal e do antagonismo, do próprio bem por parte de cada um, mas da contribuição que cada um juntamente com os demais dá solidariamente ao bem comum segundo as regras que a comunidade toda, ou o grupo dirigente que a representa (por simulação ou na realidade), se impôs através de seus órgãos, sejam eles órgãos autocráticos ou órgãos democráticos.

Praticamente, o primado do público significa o aumento da intervenção estatal na regulação coativa dos comportamentos dos indivíduos e dos grupos infra-estatais, ou seja, o caminho inverso ao da emancipação da sociedade civil em relação ao Estado, emancipação que fora uma das conseqüências históricas do nascimento, crescimento e hegemonia da classe burguesa (sociedade civil e sociedade burguesa são, no léxico marxiano e em parte também no hegeliano, a mesma coisa). Com o declínio dos limites à ação do Estado, cujos fundamentos éticos haviam sido encontrados pela tradição jusnaturalista na prioridade axiológica do indivíduo com respeito ao grupo, e na conseqüente afirmação dos direitos naturais do indivíduo, o Estado foi pouco a pouco se reapropriando do espaço conquistado pelo sociedade civil burguesa até absorvê-lo completamente na experiência extrema do Estado total (total exatamente no sentido de que não deixa espaço algum fora de si). Dessa reabsorção da sociedade civil pelo Estado, a filosofia do direito de Hegel representa simultaneamente a tardia tomada de consciência e a inconsciente representação antecipada: uma filosofia do direito que se desdobra numa filosofia da história em que são julgadas épocas de decadência, aquelas em que se manifesta a supremacia do direito privado, tais como a idade imperial romana que se move entre os dois pólos do despotismo público e da liberdade da propriedade privada, e a idade feudal na qual as relações políticas são relações de tipo contratual e não existe de fato um Estado. Ao contrário, épocas de progresso são aquelas em que o direito público impõe a revanche sobre o direito privado, tal como a idade moderna que assiste ao surgimento do grande Estado territorial e burocrático.

Dois processos paralelos

Afirmamos (pp. 16-17) que a distinção público/privado se duplica na distinção política/economia, com a conseqüência de que o primado do público sobre o privado é interpretado como primado da política sobre a economia, ou seja, da ordem dirigida do alto sobre a ordem espontânea, da organização vertical da sociedade sobre a organização horizontal. Prova disso é que o processo de intervenção dos poderes públicos na regulação da economia — processo até agora surgido como irreversível — é também designado como processo de "publicização do privado": é de fato um processo que as doutrinas socialistas politicamente eficazes favoreceram, enquanto os liberais de ontem e de hoje, bem como as várias correntes do socialismo libertário, até agora politicamente ineficazes, depreciaram e continuam a depreciar como um dos produtos perversos desta sociedade de massa na qual o indivíduo, tal como o escravo hobbesiano, pede proteção em troca da liberdade, diferentemente do servo hegeliano destinado a se tornar livre porque luta não para ter salva a vida mas pela própria afirmação.

De fato, o processo de publicização do privado é apenas uma das faces do processo de transformação das sociedades industriais mais avançadas. Ele é acompanhado e complicado por um processo inverso que se pode chamar de "privatização do público". Ao contrário do que havia previsto Hegel, segundo o qual o Estado como totalidade ética terminaria por se impor à fragmentação da sociedade civil, interpretada como "sistema da atomística", as relações de tipo contratual, características do mundo das relações privadas, não foram realmente relegadas à esfera inferior das relações entre indivíduos ou grupos menores, mas reemergiram à fase superior das relações politicamente relevantes, ao menos sob duas formas: nas relações entre grandes organizações sindicais para a formação e renovação dos contratos coletivos, e nas relações entre partidos para a formação das coalizões de governo. A vida de um Estado moderno, no qual a sociedade civil é constituída por grupos organizados cada vez mais fortes, está atravessada por conflitos grupais que se renovam continuamente, diante dos quais o Estado, como conjunto de organismos de decisão (parlamento e governo) e de execução (o aparato burocrático), desenvolve a função de mediador e de garante mais do que a de detentor do poder de império segundo a representação clássica da soberania. Os acordos sindicais ou entre partidos são habitualmente precedidos de longas tratativas, características das relações contratuais, e terminam num acordo que se assemelha bem mais a um tratado internacional, com a inevitável cláusula *rebus sic stantibus,* do que a um contrato de direito privado cujas regras para a eventual dissolução são estabelecidas pela lei. Os contratos coletivos com respeito às relações sindicais e as coalizões de governo com respeito às relações entre partidos são momentos decisivos para a vida daquela grande organização, ou sistema dos sistemas, que é o Estado contemporâneo, articulado em seu interior por organizações semi-soberanas, como as grandes empresas, as associações sindicais, os partidos. Não por acaso os que vêem no crescimento destes potentados uma ameaça à majestade do Estado falam em novo feudalismo, entendido exatamente como a idade na qual, para dizer com Hegel, o direito privado toma a dianteira sobre o direito público e esta prevaricação da esfera inferior sobre a superior revelaria um processo em curso de degeneração do Estado.

Os dois processos, de publicização do privado e de privatização do público, não são de fato incompatíveis, e realmente compenetram-se um no outro. O primeiro reflete o processo de subordinação dos interesses do privado aos interesses da coletividade representada pelo Estado que invade e engloba progressivamente a sociedade civil; o segundo representa a revanche dos interesses privados através da formação dos grandes grupos que se servem dos aparatos públicos para o alcance dos próprios objetivos. O Estado pode ser corretamente representado como o lugar onde se desenvolvem e se compõem, para novamente decompor-se e recompor-se, estes conflitos, através do instrumento jurídico de um acordo continuamente renovado, representação moderna da tradicional figura do contrato social.

4. O segundo significado da dicotomia

Público ou secreto

Não se deve confundir a dicotomia público/privado até aqui ilustrada com a distinção segundo a qual por "público" se entende aquilo que é manifesto, aberto ao público, feito diante de espectadores, e por "privado", ao contrário, aquilo que se diz ou se faz num restrito círculo de pessoas e, no limite, em segredo. Também esta distinção é conceitual e historicamente relevante, mas num sistema conceitual e num contexto histórico diversos daqueles em que se insere a grande dicotomia. Tão diversos que a grande dicotomia mantém intacta a sua validade mesmo quando a esfera do público, entendida como esfera de competência do poder político, não coincide necessariamente com a esfera do público entendida como esfera onde se dá o controle do poder político por parte do público. Conceitualmente e historicamente, o problema do caráter público do poder é um problema diferente daquele que se refere à sua natureza de poder político distinto do poder dos privados: o poder político é o poder público no sentido da grande dicotomia mesmo quando não é público, não age em público, esconde-se do público, não é controlado pelo público. Conceitualmente, o problema do caráter público do poder sempre serviu para pôr em evidência a diferença entre duas formas de governo: a república, caracterizada pelo controle público do poder e na idade moderna pela livre formação de uma opinião pública, e o principado, cujo método de governo contempla inclusive o recurso aos *arcana imperii*, isto é, ao segredo de Estado que num Estado de direito moderno é previsto apenas como remédio excepcional. Historicamente, o mesmo problema diferencia uma época de profunda transformação da imagem do Estado e das relações reais entre soberano e súditos, a época do nascimento do "público político" no sentido ilustrado por Habermas, no qual a esfera pública política adquire uma influência institucionalizada sobre o governo através do corpo legislativo, e adquire tal influência porque "o exercício da dominação política é efetivamente submetido à obrigação democrática da publicidade" [1964, trad. it. p. 53].

Publicidade e poder invisível

A história do poder político entendido como poder aberto ao público pode-se fazer começar em Kant, que considera como "*fórmula transcendental* do direito público" o princípio segundo o qual "todas as ações relativas ao direito de outros homens cuja máxima não é conciliável com a publicidade são injustas" [1796, trad. it. p. 330]. O significado deste princípio fica claro quando

se observa que existem máximas que uma vez tornadas públicas suscitariam tamanha reação que tornariam impossível a sua aplicação. Qual Estado poderia declarar, no momento mesmo em que assina um tratado internacional, que não se considera vinculado à norma de que os pactos devem ser observados? Com referência à realidade que temos continuamente sob os olhos, qual funcionário público poderia declarar, no momento em que é empossado em seu cargo, que dele se servirá para extrair vantagens pessoais ou para subvencionar ocultamente um partido ou para corromper um juiz que deve julgar um seu parente?

O princípio da publicidade das ações de quem detém um poder público ("público" aqui no sentido de "político") contrapõe-se à teoria dos *arcana imperii,* dominante na época do poder absoluto. Segundo esta teoria, o poder do príncipe é tão mais eficaz, e portanto mais condizente com seu objetivo, quanto mais oculto está dos olhares indiscretos do vulgo, quanto mais é, à semelhança do de Deus, invisível. Dois argumentos principais sustentam esta doutrina: um é intrínseco à própria natureza do sumo poder, cujas ações podem ter tanto mais sucesso quanto mais são rápidas e imprevisíveis: o controle público, mesmo que apenas de uma assembléia de notáveis, retarda a decisão e impede a surpresa; o outro, derivado do desprezo pelo vulgo, considerado como objeto passivo, como o "animal selvagem" que deve ser domesticado, já que dominado por fortes paixões que lhe impedem de formar uma opinião racional do bem comum, egoísta de vista curta, presa fácil dos demagogos que dele se servem para sua exclusiva vantagem. A invisibilidade e portanto a incontrolabilidade do poder eram asseguradas, institucionalmente, pelo lugar não aberto ao público em que se tomavam as decisões políticas (o gabinete secreto) e pela não publicidade das mesmas decisões; psicologicamente, através da liceidade professada e reconhecida da simulação e da dissimulação como princípio da ação do Estado em desobediência à lei moral que proíbe de mentir. Os dois expedientes, o institucional e o psicológico, são complementares, no sentido de que se reforçam um ao outro: o primeiro autoriza o soberano a não fazer saber antecipadamente quais decisões tomará e a não torná-las conhecidas depois de tomadas; o segundo o autoriza a ocultar a decisão tomada, isto é, a dissimular, ou a apresentá-la de modo diverso, isto é, a simular. Naturalmente, onde é invisível o poder, também o contra-poder está obrigado a tornar-se invisível: em conseqüência, ao caráter secreto da câmara de conselho opõe-se a conjura de palácio tramada às ocultas nos mesmos lugares onde se oculta o poder soberano. Ao lado dos *arcana imperii* os *arcana seditionis*. Enquanto o principado no sentido clássico da palavra, a monarquia de direito divino, as várias formas de despotismo, exigem a invisibilidade do poder e de diversos modos a justificam, a república democrática — *res publica* não apenas no sentido próprio da palavra, mas também no sentido de exposta ao público — exige que o poder seja visível: o lugar onde se exerce o poder em toda forma de república é a assembléia dos cidadãos (democracia direta), na qual o processo de decisão é *in re ipsa* público, como ocorria na ágora dos gregos; nos casos em que a assembléia é a reunião dos representantes do povo, quando então a decisão seria pública apenas para estes e não para todo o povo, as reuniões da assembléia devem ser abertas ao público de modo a que qualquer cidadão a elas possa ter acesso. Há quem acreditou poder captar um nexo entre princípio de representação e publicidade do poder, como Carl Schmitt, segundo o qual "a representação apenas pode ocorrer na esfera da publicidade" e "não existe nenhuma representação que se desenvolva em segredo e a sós", donde "um parlamento tem caráter representativo apenas na medida em que se acredita que a sua atividade é pública" [1928, p. 208]. Sob este aspecto, é essencial à democracia o exercício dos vários direitos de liberdade, que permitem a formação da opinião pública e asseguram assim que as ações dos governantes sejam subtraídas ao funcionamento secreto da câmara de conselho, desentocadas das sedes ocultas em que procuram fugir dos olhos do público, esmiuçadas, julgadas e criticadas quando tornadas públicas.

Como ao processo de publicização do privado se agrega, jamais concluído de uma vez para sempre, o processo inverso de privatização do público, assim também a vitória do poder visível sobre o poder invisível jamais se completa plenamente: o poder invisível resiste aos avanços do poder visível, inventa modos sempre novos de se esconder e de esconder de ver sem ser visto. A forma ideal do poder é aquela do poder atribuído a Deus, o onividente invisível. Os *arcana imperii* transformaram-se no segredo de Estado que, na legislação de um moderno Estado de direito, se concretiza ao punir a publicação de atos e documentos reservados; mas com a substancial diferença de que contra o *arcanum*, considerado como instrumento essencial do poder, e portanto necessário, o segredo de Estado é legitimado apenas nos casos excepcionais previstos pela lei. Da mesma forma, jamais desapareceu a prática do ocultamento através da influência que o poder público pode exercer sobre a imprensa, através da monopolização dos meios de comunicação de massa, sobretudo através do exercício sem preconceitos do poder ideológico, sendo a função das ideologias a de cobrir com véus as reais motivações que movem o poder, forma pública e lícita da "nobre mentira" de origem platônica ou da "mentira lícita" dos teóricos da razão de Estado.

Por outro lado, se é verdade que num Estado democrático o público vê o poder mais do que num Estado autocrático, é igualmente verdadeiro que o uso dos elaboradores eletrônicos (que se amplia e se ampliará cada vez mais) na memorização dos dados pessoais de todos os cidadãos permite e cada vez permitirá mais aos detentores do poder ver o público bem melhor do que nos Estados do passado. Aquilo que o nóvel Príncipe pode vir a saber dos próprios sujeitos é incomparavelmente superior ao que podia saber de seus súditos mesmo o monarca mais absoluto do passado. O que significa que não obstante as profundas transformações nas relações entre governantes e governados induzidas pelo desenvolvimento da democracia, o processo de publicização do poder, inclusive no segundo sentido da dicotomia público/privado, está longe de ser linear. Resta que tal dicotomia, tanto no sentido de coletivo/individual (ilustrado nos §§ 1, 2 e 3) quanto no sentido de manifesto/secreto (ilustrado neste último parágrafo), constitui uma das categorias fundamentais e tradicionais, mesmo com a mudança dos significados, para a representação conceitual, para a compreensão histórica e para a enunciação de juízos de valor no vasto campo percorrido pelas teorias da sociedade e do Estado.

II.
A sociedade civil

1. As várias acepções

Na linguagem política de hoje, a expressão "sociedade civil" é geralmente empregada como um dos termos da grande dicotomia sociedade civil/Estado. O que quer dizer que não se pode determinar seu significado e delimitar sua extensão senão redefinindo simultaneamente o termo "Estado" e delimitando a sua extensão. Negativamente, por "sociedade civil" entende-se a esfera das relações sociais não reguladas pelo Estado, entendido restritivamente e quase sempre também polemicamente como o conjunto dos aparatos que num sistema social organizado exercem o poder coativo. Remonta a August Ludwig von Schlozer (1794) — tendo sido continuamente retomada pela literatura alemã dedicada ao assunto — a distinção entre *societas civilis sine imperio* e *societas civilis cum imperio*, na qual a segunda expressão indica aquilo que na grande dicotomia é designado com o termo "Estado", num contexto em que, como se verá depois, ainda não nasceu a contraposição entre sociedade e Estado e basta um único termo para designar um e outra, embora com uma distinção interna em espécies. Com a noção restritiva do Estado como órgão do poder coativo, que permite a formação e assegura a persistência da grande dicotomia, concorre o conjunto das idéias que acompanharam o nascimento do mundo burguês: a afirmação de direitos naturais que pertencem ao indivíduo e aos grupos sociais independentemente do Estado e que como tais limitam e restringem a esfera do poder político; a descoberta de uma esfera de relações interindividuais, como são as relações econômicas, para cuja regula-

33

mentação não se faz necessária a existência de um poder coativo posto que se auto-regulam; a idéia geral tão eficazmente expressa por Thomas Paine (não por acaso autor de um célebre escrito exaltante dos direitos do homem) de que a sociedade é criada por nossas necessidades e o Estado por nossa maldade [1776, trad. it. p. 69], pois o homem é naturalmente bom e toda sociedade, para conservar-se e prosperar, precisa limitar o emprego das leis civis impostas com a coação a fim de consentir a máxima explicitação das leis naturais que não carecem de coação para ser aplicadas; em suma, a dilatação do direito privado mediante o qual os indivíduos regulam suas próprias relações recíprocas guiados por seus reais interesses, onde cada um é *iudex in causa sua,* em prejuízo do direito público ou político no qual se exerce o *imperium,* entendido como o comando do superior que, como *iudex super partes,* tem o direito de exercer o poder coativo. Jamais será suficientemente sublinhado que devemos o uso de "sociedade civil" no significado de esfera das relações sociais distinta da esfera das relações políticas a escritores alemães (em particular a Hegel e Marx, como se verá a seguir), escritores que escrevem numa língua onde *bürgerliche Gesellschaft* significa ao mesmo tempo sociedade civil e sociedade burguesa. Também será preciso sublinhar sempre que na linguagem jurídica já amplamente afirmada no final do Setecentos o direito civil distinto do direito penal compreende as matérias tradicionalmente pertencentes ao direito privado (o *Code civil* é o código do direito privado, em alemão *bürgerliches Recht*).

Exatamente porque a expressão "sociedade civil" em seu significado oitocentista e hodierno nasceu da contraposição (ignorada pela tradição) entre uma esfera política e uma esfera não política, é mais fácil dela encontrar uma definição negativa do que uma positiva, tanto mais porque nos tratados de direito público e de doutrina geral do Estado (a *allgemeine Staatslehre* da tradição acadêmica alemã de Georg Jellinek a Felix Ermacora) nunca está ausente uma definição positiva do Estado: sociedade civil como conjunto de relações não reguladas pelo Estado, e portanto como tudo aquilo que sobra uma vez bem delimitado a âmbito no qual se exerce o poder estatal. Mas mesmo numa noção assim vaga podem-se distinguir diversas acepções conforme prevaleça a identificação do não-estatal com o pré-estatal, com o anti-estatal ou inclusive com o pós-estatal. Quando se fala de sociedade civil na primeira dessas acepções quer-se dizer, em correspondência consciente ou não consciente com a doutrina jusnaturalista, que antes do Estado existem várias formas de associação que os indivíduos formam entre si para a satisfação dos seus mais diversos interesses, associações às quais o Estado se superpõe para regulá-las mas sem jamais vetar-lhes o ulterior desenvolvimento e sem jamais impedir-lhes a contínua renovação: embora num sentido não estritamente marxiano, pode-se neste caso falar da sociedade civil como uma infra-estrutura e do Estado como uma superestrutura. Na segunda acepção, a sociedade civil adquire uma conotação axiologicamente positiva e passa a indicar o lugar onde se manifestam todas as instâncias de modificação das relações de dominação, formam-se os grupos que lutam pela emancipação do poder político, adquirem força os assim chamados contra-poderes. Desta acepção, porém, pode-se também dar uma conotação axiologicamente negativa, desde que nos coloquemos do ponto de vista do Estado e consideremos os fermentos de renovação de que é portadora a sociedade civil como germes de desagregação. Na terceira acepção, "sociedade civil" tem um significado ao mesmo tempo cronológico, como na primeira, e axiológico, como na segunda: representa o ideal de uma sociedade sem Estado, destinada a surgir da dissolução do poder político. Esta acepção está presente no pensamento de Gramsci nas passagens em que o ideal característico de todo o pensamento marxista sobre a extinção do Estado é descrito como "reabsorção da sociedade política pela sociedade civil" [1930-32a, p. 662], como a sociedade civil na qual se exerce a hegemonia distinta da dominação, livre da sociedade política. Nas três diversas acepções o não-estatal assume três diversas figuras: a figura da pré-condição do Estado, ou melhor, daquilo que ainda não é estatal, na primeira, da antítese do Estado, ou melhor, daquilo que se põe como alternativa ao Estado, na segunda, da dissolução e do fim do Estado na terceira.

Mais difícil dar uma definição positiva de "sociedade civil", pois se trata de fazer um repertório de tudo aquilo que foi desordenadamente empregado pela exigência de circunscrever o âmbito do Estado. Basta notar que em muitos contextos a contraposição sociedade civil/instituições políticas é uma reformulação da velha contraposição país real/país legal. O que é país real? O que é sociedade civil? Numa primeira aproximação pode-se dizer que a sociedade civil é o lugar onde surgem e se desenvolvem os conflitos econômicos, sociais, ideológicos, religiosos, que as instituições estatais têm o dever de resolver ou através da mediação ou através da repressão. Sujeitos desses conflitos e portanto da sociedade civil exatamente enquanto contraposta ao Estado são as classes sociais, ou mais amplamente os grupos, os movimentos, as associações, as organizações que as representam ou se declaram seus representantes; ao lado das organizações de classe, os grupos de interesse, as associações de vários gêneros com fins sociais, e indiretamente políticos, os movimentos de emancipação de grupos étnicos, de defesa dos direitos civis, de libertação da mulher, os movimentos de jovens etc. Os partidos têm um pé na sociedade civil e um pé nas instituições, tanto que chegou a ser proposto um enriquecimento do esquema conceitual dicotômico através da interposição, entre os conceitos de sociedade civil e de Estado, do conceito de sociedade política [Farneti 1973, pp. 16 ss.], destinado a compreender exatamente o fenômeno dos partidos, que de fato não pertencem por inteiro nem à sociedade civil nem ao Estado. Na verdade, um dos modos mais freqüentes de definir os partidos políticos é o de mostrar que eles cumprem a função de selecionar, portanto de agregar e de transmitir, as demandas provenientes da sociedade civil e destinadas a se tornar objeto de decisão política. Nas mais recentes teorias sistêmicas da sociedade global, a sociedade civil ocupa o espaço reservado à formação das demandas (*input*) que se dirigem ao sistema político e às quais o sistema político tem o dever de responder (*output*): o contraste entre sociedade civil e Estado põe-se então como contraste entre quantidade e qualidade das demandas e capacidade das instituições de dar respostas adequadas e tempestivas. O tema hoje tão debatido da governabilidade das sociedades complexas pode ser interpretado também nos termos da clássica dicotomia sociedade civil/Estado: uma sociedade torna-se tanto mais ingovernável quanto mais aumentam as demandas da sociedade civil e não aumenta correspondentemente a capacidade das instituições de a elas responder, ou melhor, com a capacidade de resposta do Estado alcançando limites talvez não mais superáveis (donde o tema, por exemplo, da "crise fiscal"). Estreitamente ligado ao tema da ingovernabilidade está o da legitimação: a ingovernabilidade gera crise de legitimidade. Também este tema pode ser traduzido nos termos da **mesma dico**tomia: as instituições representam o poder legítimo no sentido weberiano da palavra, isto é, o poder cujas decisões são aceitas e cumpridas na medida em que consideradas como emanadas de uma autoridade à qual se reconhece o direito de tomar decisões válida para toda a coletividade; a sociedade civil representa o lugar onde se formam, especialmente nos períodos de crise institucional, os poderes de fato que tendem a obter uma legitimação própria inclusive em detrimento dos poderes legítimos — o lugar onde, em outras palavras, desenvolvem-se os processos de deslegitimação e de relegitimação. Daí a freqüente afirmação de que a solução de uma grave crise que ameaça a sobrevivência de um sistema político deve ser procurada, antes de tudo, na sociedade civil, na qual podem ser encontradas novas fontes de legitimação e portanto novas áreas de consenso. Enfim, na esfera da sociedade civil inclui-se habitualmente também o fenômeno da opinião pública, entendida como a pública expressão de consenso e de dissenso com respeito às instituições, transmitida através da imprensa, do rádio, da televisão etc. De resto, opinião pública e movimentos sociais procedem lado a lado e se condicionam reciprocamente. Sem opinião pública — o que significa mais concretamente sem canais de transmissão da opinião pública, que se torna "pública" exatamente enquanto transmitida ao público —, a esfera da sociedade civil está destinada a perder a própria função e, finalmente, a desaparecer. No limite, o Estado totalitário, que é o Estado no qual a sociedade civil é inteiramente absorvida pelo Estado, é um Estado sem opinião pública (isto é, com uma opinião apenas oficial).

2. A interpretação marxiana

O uso atual da expressão "sociedade civil" como termo indissoluvelmente ligado a Estado, ou sistema político, é de derivação marxiana, e através de Marx, hegeliana, mesmo quando se considera, como se verá dentro em pouco, que o uso marxiano é redutivo com respeito ao hegeliano. Devemos a freqüência com que é usada (inclusive na linguagem comum) a expressão "sociedade civil" à influência da literatura marxista no debate político italiano contemporâneo. Prova disso é que em outros contextos lingüísticos a expressão "sociedade civil" é substituída na mesma dicotomia pelo termo "sociedade": na Alemanha, por exemplo, transcorreu nesses últimos anos um amplo e erudito debate sobre *Staat und Gesellschaft* [cf. Böckenförde 1976], no qual o termo *Gesellschaft* ("sociedade") compreende a área dos significados do nosso "sociedade civil". A passagem canônica para o nascimento do significado de "sociedade civil" que se tornou habitual é aquela em que Marx, no prefácio a *Para a crítica da economia política* [1859], escreve que estudando Hegel chegou à convicção de que as instituições jurídicas e políticas tinham suas raízes nas relações materiais de existência, "cujo conjunto é incorporado por Hegel sob o termo 'sociedade civil' ", daí derivando a conseqüência de que "a anatomia da sociedade civil deve ser buscada na economia política" [trad. it. pp. 956-57]. Não importa que nesta passagem Marx tenha dado uma interpretação redutiva e mesmo deformante do conceito hegeliano de "sociedade civil", como veremos dentro em pouco; importa relevar que na medida em que Marx faz da sociedade civil o lugar das relações econômicas, ou melhor, das relações que constituem "a base real sobre a qual se eleva uma superestrutura jurídica e política" [*ib.*, p. 957], "sociedade civil" passa a significar o conjunto das relações interindividuais que estão fora ou antes do Estado, exaurindo deste modo a compreensão da esfera pré-estatal distinta e separada da esfera do Estado, aquela mesma esfera pré-estatal que os escritores do direito natural e em parte, sobre a trilha por eles aberta, os primeiros economistas, a começar dos fisiocratas, tinham chamado de estado de natureza ou sociedade natural. A substituição que ocorre, na linguagem marxiana, da expressão "sociedade natural" por "sociedade civil", através de Hegel mas bem além de Hegel, é comprovada pela passagem de uma obra juvenil como *A Sagrada família* [Marx e Engels 1845] onde se lê: "O *Estado moderno* tem como *base natural* [atente-se: "natural"] a sociedade civil, o homem da sociedade civil, isto é, o homem independente, unido ao outro homem apenas pelo vínculo do interesse privado e da necessidade natural *inconsciente*" [trad. it. p. 126]. Ainda mais surpreendente é que o caráter específico da sociedade civil assim definida coincide em tudo e por tudo com o caráter específico do estado de natureza hobbesiano que é, como se sabe, a guerra de todos contra todos: "Toda a *sociedade civil* é exatamente esta guerra [do homem contra o homem], um contra o outro, de todos os indivíduos, agora isolados um do outro apenas pela sua *individualidade,* e é o movimento geral, desenfreado, das potências elementares da vida livres das cadeias dos privilégios" [*ib.*, p. 130]. Surpreendente porque na tradição jusnaturalista (cf. § 4) chama-se de "sociedade civil" aquilo que hoje é chamado de "Estado", a entidade antitética ao estado de natureza.

Não se explicaria esta transposição do significado tradicional da expressão "estado de natureza" para o significado da expressão que é tradicionalmente a ele contraposta, "sociedade civil", se não se tivesse presente ainda uma vez que a sociedade civil de Marx é a *bürgerliche Gesellschaft* que, especialmente após Hegel e a interpretação dos textos de Hegel por parte da esquerda hegeliana, adquiriu o significado de "sociedade burguesa" no sentido próprio de sociedade de classe, e que a sociedade burguesa em Marx tem por sujeito histórico a burguesia, uma classe que completou a sua emancipação política libertando-se dos vínculos do Estado absoluto e contrapondo ao Estado tradicional os direitos do homem e do cidadão que são, na realidade, os direitos que de agora em diante deverão proteger os próprios interesses de classe. Uma passagem do escrito juvenil A *questão judaica* [1843] esclarece melhor do que qualquer discurso a transferência da imagem do estado de natureza hipotético para a realidade histórica da sociedade burguesa: "A emancipação política foi ao mesmo tempo a emancipação da sociedade burguesa [que neste contexto ficaria sem sentido se traduzida por "civil"] em relação à política, à aparência mesma de um conteúdo universal. A sociedade feudal estava dissolvida em seu elemento fundamental, no homem; mas no homem que dela constituía realmente o fundamento, no homem egoísta" [trad. it. p. 383]. O estado de natureza dos jusnaturalistas e a sociedade burguesa de Marx têm em comum o "homem egoísta" como sujeito. E do homem egoísta não pode nascer senão uma sociedade anárquica ou melhor, por contrapasso, despótica.

Não obstante a predominante influência da noção marxiana de "sociedade civil" sobre o uso hodierno da expressão, não se pode dizer que na própria tradição do pensamento marxista tal uso tenha sido constante. Já foi muitas vezes reconhecido o relevo que a dicotomia sociedade civil/Estado tem no pensamento de Gramsci. Erraria porém quem acreditasse, como muitos acreditaram, que a dicotomia gramsciana reproduz fielmente a marxiana. Enquanto em Marx o momento da sociedade civil coincide com a base material (contraposta à superestrutura onde estão as ideologias e as instituições), para Gramsci o momento da sociedade civil é superestrutural. Nas notas sobre os intelectuais se lê: "Pode-se por enquanto fixar dois grandes 'planos' superestruturais: o que pode ser chamado de 'sociedade civil' (isto é, o conjunto de organismos chamados comumente de 'privados') e o da 'sociedade política ou Estado , que correspondem à função de 'hegemonia' que o grupo dominante exerce em toda a sociedade e àquela de 'domínio direto' ou de comando, que se expressa no Estado e no governo 'jurídico' " [1932, pp. 1518-19]. Para esclarecer esta definição, é útil recordar o exemplo histórico que Gramsci tem em mente quando fala de hegemonia contrapondo-a à dominação direta: o exemplo é a Igreja católica entendida como "o aparato de hegemonia do grupo dirigente, que não possuía um aparato próprio, isto é, não tinha uma organização cultural e intelectual própria, mas sentia como tal a organização eclesiástica universal" [1930-32*b*, p. 763]. Não diversamente de Marx, também Gramsci considera as ideologias como parte da superestrutura; mas diversamente de Marx, que chama de sociedade civil o conjunto das relações econômicas constitutivas da base material, Gramsci chama de sociedade civil a esfera na qual agem os aparatos ideológicos que buscam exercer a hegemonia e, através da hegemonia, obter o consenso. Não que Gramsci abandone a dicotomia base/superestrutura, para substituí-la pela dicotomia sociedade civil/Estado. Na verdade, ele agrega a segunda à primeira e torna assim o seu esquema conceitual mais complexo. Para representar a contraposição entre momento estrutural e momento superestrutural, serve-se habitualmente destas duplas: momento econômico/momento ético-político, necessidade/liberdade, objetividade/subjetividade. Para representar a contraposição sociedade civil/Estado, serve-se de outras duplas: consenso/força, persuasão/coerção, moral/política, hegemonia/ditadura, direção/domínio. Observe-se que o momento econômico contrapõe-se, na primeira dicotomia, ao momento ético-político. Pois bem, a segunda dicotomia pode ser considerada como a dissolução da dualidade implícita no segundo momento da primeira: a sociedade civil representa o momento da eticidade, através do qual uma classe dominante obtém o consenso, adquire (para usar a linguagem de hoje que Gramsci não usa) legitimidade; o Estado representa o momento político estritamente entendido, através do qual é exercida a força, não menos necessária do que o consenso para a conservação do poder, ao menos até quando o poder for exercido por uma classe restrita e não pela classe universal (que o exercerá através do seu partido, o verdadeiro protagonista da hegemonia). Neste ponto pode-se observar que Gramsci, inconscientemente, recupera o significado jusnaturalista de sociedade civil como sociedade fundada sobre o consenso. Porém, com esta diferença: no pensamento jusnaturalista, para o qual a legitimidade do poder político depende de estar ele fundado sobre o contrato social, a sociedade do consenso por excelência é o Estado, enquanto no pensamento gramsciano a sociedade do consenso é apenas aquela destinada a surgir da extinção do Estado.

3. O sistema hegeliano

Quando Marx escreve que havia chegado à descoberta da sociedade civil subjacente às instituições políticas estudando Hegel e identifica a sociedade civil com a esfera das relações econômicas, dá uma interpretação parcial da categoria hegeliana da sociedade civil e a transmite a toda a tradição do hegel-marxismo. A categoria hegeliana da sociedade civil — a cuja clara formulação e denominação Hegel apenas chegou na última fase de seu pensamento, nos *Princípios de Filosofia do Direito* [1821] — é ao contrário bem mais complexa, e exatamente por sua complexidade é bem mais difícil de ser interpretada. Como momento intermediário da eticidade, posto entre a família e o Estado, permite a construção de um esquema triádico que se contrapõe aos dois modelos diádicos precedentes: o aristotélico, baseado na dicotomia família/Estado (*societas domestica/societas civilis*, onde *civilis* de *civitas* corresponde exatamente a *politikós* de *pólis*), e o jusnaturalista, baseado na dicotomia estado de natureza/estado civil. Com respeito à família, ela já é uma forma incompleta de Estado, o "Estado do intelecto", com respeito ao Estado, não é ainda o Estado em seu conceito e em sua plena realização histórica. Nas lições berlinenses, a seção dedicada à sociedade civil está dividida em três momentos: o sistema das necessidades, a administração da justiça, a política (junto com a corporação); a esfera das relações econômicas é recoberta apenas pelo primeiro, enquanto o segundo e o terceiro momentos compreendem partes tradicionais da doutrina do Estado.

A interpretação da sociedade civil hegeliana como o lugar cuja anatomia deve ser buscada na economia política é parcial e, no que se refere à compreensão do genuíno pensamento de Hegel, acaba por levar a descaminhos. É controverso estabelecer qual foi o genuíno pensamento de Hegel na construção da seção dedicada à sociedade civil. Alguns estudiosos chegaram a considerar que ela foi concebida como uma espécie de categoria residual, na qual, após tentar durante cerca de vinte anos sistematizar a matéria tradicional da filosofia, Hegel terminou por recolher tudo aquilo que não podia ser incluído nos dois momentos bem delimitados e bem inseridos numa sistemática há séculos já consolidada: a família e o Estado. A mais grave dificuldade da interpretação está no fato de que a maior parte da seção é dedicada não à análise da economia política mas a dois importantes capítulos da doutrina do Estado, referentes respectivamente, para falar com palavras de hoje, à função judiciária e à função administrativa (sob o nome então corrente de Estado de polícia). Por que é que Hegel, que faz a seção da eticidade culminar no Estado, isto é, num tratado de direito público, a faz preceder de uma seção na qual trata duas matérias tão importantes para o delineamento do Estado em seu conjunto, como são a administração da justiça e o Estado administrativo? A divisão hegeliana, embora continuando a ser dificilmente inteligível à luz das tradições precedentes e mesmo dos sucessores, pode ser compreendida, ou ao menos pode parecer menos singular, se se atenta para o fato de que *societas civilis,* que em alemão se torna *bürgerliche Gesellschaft,* havia significado durante séculos (e certamente até Hegel) o Estado na dupla contraposição seja à família na tradição aristotélica, seja ao estado de natureza na tradição jusnaturalista. O que diferencia a sociedade civil de Hegel daquela de seus predecessores não é tanto o seu retrocesso em direção à sociedade pré-estatal, retrocesso que apenas acontecerá com Marx, quanto a sua identificação com uma forma que é estatal porém imperfeita. Ao invés de ser, como foi posteriormente interpretado, o momento que precede à formação do Estado, a sociedade civil hegeliana representa o primeiro momento de formação do Estado, o Estado jurídico-administrativo, cuja tarefa é regular relações externas, enquanto o Estado propriamente dito representa o momento ético-político, cuja tarefa é realizar a adesão íntima do cidadão à totalidade de que faz parte, tanto que poderia ser chamado de Estado interno ou interior (o Estado *in interiore homine* de Gentile). Mais que uma sucessão entre fase pré-estatal e fase estatal da eticidade, a distinção hegeliana entre sociedade civil e Estado representa a distinção entre um Estado inferior e um Estado superior. Enquanto o Estado superior é caracterizado pela constituição e pelos poderes constitucionais, tais como o poder monárquico, o poder legislativo e o poder governativo, o Estado inferior opera através de dois poderes jurídicos subordinados — o poder judiciário e o poder administrativo. Destes dois, o primeiro tem a tarefa prevalentemente negativa de dirimir os conflitos de interesse e de reprimir as ofensas ao direito estabelecido; o segundo, de prover a utilidade comum, intervindo na fiscalização dos costumes, na distribuição do trabalho, na educação, na ajuda aos pobres, em todas as atividades que diferenciam o *Wohlfahrt-Staat,* o Estado que provê o bem-estar externo de seus súditos.

Que, para uma justa compreensão da sociedade civil hegeliana, a referência ao significado de *societas civilis* da tradição não é arbitrária pode ser ulteriormente provado pelo significado polêmico que este momento do desenvolvimento do espírito objetivo tem no sistema hegeliano. As categorias hegelianas têm sempre, além de uma função sistemática, também uma dimensão histórica: são ao mesmo tempo partes interligadas de uma concepção global da realidade e figuras históricas. A título de exemplo, pense-se no estado de direito (*Rechtszustand*) da *Fenomenologia do espírito* (*Phänomenologie des Geistes,* 1807) que representa, conceitualmente, a condição em que são exaltadas as relações de direito privado, e, historicamente, o império romano. De resto, que a sociedade civil é no sistema hegeliano uma figura histórica é um fato por diversas vezes reconhecido pelo próprio Hegel, especialmente onde ele afirma que os Estados antigos — tanto aqueles despóticos do Oriente imóvel como aqueles das cidades gregas — não continham em seu seio uma sociedade civil e que "a descoberta da sociedade civil pertence ao mundo moderno" [1821, trad. it. p. 356]. Para Hegel, o erro daqueles que descobriram a sociedade civil — e nesta admoestação repousa o significado também polêmico da colocação desta figura não no final do processo do Espírito objetivo mas numa posição subordinada ao Estado em sua plenitude — está em terem acreditado que nela poderiam exaurir a essência do Estado. Por isso a sociedade civil não é apenas uma forma inferior de Estado no conjunto do sistema, mas também representa o conceito de Estado ao qual ficaram atados os escritores políticos e os juristas do direito público precedente, que se poderia chamar de privatista no sentido de que a sua principal preocupação é a de dirimir os conflitos de interesse que surgem nas relações entre privados através da administração da justiça e, sucessivamente, a de garantir o bem-estar dos cidadãos defendendo-os dos danos que podem provir da atitude de dar livre curso ao particularismo egoísta dos singulares. Por detrás desta concepção restritiva da sociedade civil com respeito ao Estado plenamente explicitado, pode-se entrever uma alusão tanto à teoria lockeana do Estado — segundo a qual o Estado surge unicamente para impedir a justiça privada própria do estado de natureza (onde não há um julgamento imparcial por sobre as partes) e para proteger a propriedade entendida como um direito natural —, quanto à teoria do Estado eudemonista própria dos fautores do absolutismo iluminado, que também assume a tarefa de prover o bem-estar dos súditos mas jamais se eleva acima de uma concepção individualista da unidade social. Hegel não ignorava que o Estado eudemonista já havia sido criticado por Kant, o qual porém o havia rejeitado em nome do Estado de direito, cujo âmbito de ação limita-se à garantia das liberdades individuais, seguindo uma estrada que prosseguia a de Locke e não antecipava a concepção orgânica sem a qual não teria sido possível elevar o Estado à esfera da eticidade. Enfim, a razão pela qual Hegel colocou o conceito de Estado acima do conceito a que se tinham vinculado os seus predecessores deve ser buscada na exigência de explicar por que se reconhece ao Estado o direito de solicitar dos cidadãos o sacrifício de seus bens (através dos impostos) e da própria vida (quando declara a guerra), explicação esta que inutilmente se pede às doutrinas contratualistas, nas quais o Estado nasce de um acordo que os próprios contraentes podem romper quando conveniente, e às doutrinas eudemonológicas, nas quais o fim supremo do Estado é o bem-estar dos súditos. Em última instância, o que caracteriza o Estado com respeito à sociedade civil são as relações que apenas o Estado, e não a sociedade civil, estabelece com os outros Estados. Tanto isso é verdade que o Estado, e não a sociedade civil, é o sujeito da história universal com o qual se conclui o movimento do Espírito objetivo.

4. A tradição jusnaturalista

O uso hegeliano de sociedade civil como Estado, embora como uma forma inferior de estado, corresponde ao significado tradicional de *societas civilis*, no qual *civilis* de *civitas* é sinônimo de *politikós* de *pólis*; e traduz exatamente a expressão *koinonéia politiké*. Com ela Aristóteles, no início da *Política*, indica a *pólis* ou cidade, cujo caráter de comunidade independente e auto-suficiente, ordenada à base de uma constituição (*politia*), fez com que fosse considerada ao longo dos séculos como a origem ou o precedente histórico do Estado inclusive no sentido moderno da palavra, embora com dois significados diversos segundo se contraponha ao modelo aristotélico — para o qual o Estado é o prosseguimento natural da sociedade familiar, de sociedade doméstica ou família — ou ao modelo hobbesiano (ou jusnaturalista), para o qual o Estado é a antítese do estado de natureza, da *societas naturalis* constituída por indivíduos hipoteticamente livres e iguais. A diferença repousa no fato de que, enquanto a *societas civilis* do modelo aristotélico é sempre uma sociedade natural, no sentido de que corresponde perfeitamente à natureza social do homem (*politikon zoon*), a mesma *societas civilis* do modelo hobbesiano, na medida em que é a antítese do estado de natureza e é constituída mediante acordo dos indivíduos que decidem sair do estado de natureza, é uma sociedade instituída ou artificial (o *homo artificialis* ou a *machina machinarum* de Hobbes). Mas nada prova melhor a vitalidade e a longevidade desta expressão do que a constatação de seu uso concordante, tanto em contextos nos quais o contratermo é a família quanto em contextos nos quais o contratermo é o estado de natureza. No primeiro caso inclui-se um típico representante do modelo aristotélico, para o qual o Estado é um fato natural, como Bodin: "O Estado (*république* ou *res publica*) é a sociedade civil que pode subsistir por si só sem associações ou organismos, mas não sem família" [1576, III, 7]. No segundo caso inclui-se, para dar um outro exemplo notável e representativo do modelo jusnaturalista, Kant: "O homem deve sair do estado de natureza, no qual cada um segue os caprichos da própria fantasia, e unir-se com todos os demais ... submetendo-se a uma constrição externa publicamente legal ...: vale dizer que cada um deve, antes de qualquer outra coisa, ingressar num estado civil" [1797, trad. it. p. 498]. No entanto, através da persistência do modelo jusnaturalista na idade moderna, de Hobbes a Kant, a contraposição da sociedade civil à sociedade natural acabou por fazer prevalecer, no uso da expressão "sociedade civil", o significado de "sociedade artificial", tanto que um autor tradicionalista como Haller, considerando o Estado segundo o modelo aristotélico como uma sociedade natural semelhante à família, "o grau mais eminente da sociedade natural ou privada" [1816, trad. it. p. 463], sustenta que "a distinção, sempre reproduzida nos textos de doutrina atualmente acreditados, entre a sociedade *civil* e qualquer outra sociedade *natural*, é sem fundamento", donde "é desejável que a expressão *sociedade civil* (*societas civilis*), que se insinuou da linguagem dos Romanos na nossa, seja o mais depressa possível inteiramente banida da ciência jurídica" [*ib., pp.* 476-77]. Uma afirmação deste tipo não poderia ser explicada se através do uso jusnaturalista de sociedade civil a expressão não tivesse assumido o significado exclusivo de Estado como entidade instituída pelos homens por sobre as relações naturais, melhor, como regulamentação voluntária das relações naturais, em suma como sociedade artificial, enquanto em seu significado originário aristotélico a sociedade civil, a *koinonéia politiké*, é uma sociedade natural semelhante à família. Na realidade, o que Haller desejava ver banida não era tanto a palavra mas o significado que a palavra tinha assumido graças àqueles, como os jusnaturalistas, que haviam considerado os Estados, para usar a expressão polêmica do próprio Haller, como "sociedades arbitrariamente formadas e distintas de todas as outras por sua origem e por seu fim" [*ib.*, p. 463].

Sempre no significado de Estado político distinto de qualquer forma de Estado não político, a expressão "sociedade civil" foi comumente empregada também para distinguir o âmbito de competência do Estado ou do poder civil do âmbito de competência da Igreja ou do poder religioso, na contraposição sociedade civil/ sociedade religiosa que se agrega à tradicional sociedade doméstica/ sociedade civil. Ignorada na antiguidade clássica, esta distinção é recorrente no pensamento cristão. Considere-se por exemplo um escritor católico como Antonio Rosmini. Na sua *Filosofia do direito,* o tratamento da parte dedicada ao direito social desenrola-se através do exame de três tipos de sociedades necessárias à organização "perfeita do gênero humano" [1841-43, ed. 1967-69, pp. 848 ss.]. Estas três sociedades são: a sociedade teocrática ou religiosa, a sociedade doméstica e a sociedade civil. Tal tripartição deriva claramente da conjunção da dicotomia família/Estado, que é o ponto de partida do modelo aristotélico, com a dicotomia Igreja/Estado, fundamental na tradição do pensamento cristão.

Os dois significados de "sociedade civil" como sociedade política ou Estado, e enquanto tal como sociedade distinta da sociedade religiosa, são consagrados por dois artigos da *Encyclopédie* dedicados respectivamente a "Société civile" [Anônimo 1765*d*] e a "Société" [Anônimo 1765*a*]. No primeiro encontramos esta definição: "Société civile *s'entend du corps politique que les hommes* *d'une même nation, d'un même état, d'une même ville ou autre lieu, forment ensemble, et de liens politiques qui les attachent les uns aux autres"* [1765*b*, p. 259]. O segundo é dedicado quase exclusivamente ao problema das relações entre sociedade civil e sociedade religiosa com o objetivo de lhes delimitar rigorosamente o respectivo âmbito.

5. Sociedade civil como sociedade civilizada

Uma opinião corrente sobre as fontes do pensamento de Hegel repete há tempo que a noção de *bürgerliche Gesellschaft* também teria sido inspirada pela obra de Adam Ferguson *Ensaio sobre a história da sociedade civil* (1767), que havia sido traduzida para o alemão por Christian Garve em 1768 e que Hegel certamente conhecia. Mas uma coisa é sustentar que Ferguson, juntamente com Adam Smith, é uma fonte de Hegel no que se refere à seção da sociedade civil que trata do sistema das necessidades e mais em geral da economia política, outra coisa fazer com que se acredite, à base de confrontos entre textos de Ferguson e textos de Hegel, que a *bürgerliche Gesellschaft* do segundo tenha algo a ver com a *civil society* do primeiro. Que Hegel tenha extraído de Ferguson motivos para o tratamento dos elementos de economia política que integram a seção da sociedade civil não quer dizer que sociedade civil tenha em Ferguson o mesmo significado que em Hegel. Com Ferguson e os escoceses, "sociedade civil" ganha ainda um outro significado: *civilis* não é mais adjetivo de *civitas* mas de *civilitas*. Sociedade civil significa sociedade civilizada (Smith de fato emprega o adjetivo *civilized*), que encontra um quase sinônimo em *polished*. A obra de Ferguson, que descreve a passagem das sociedades primitivas às sociedades evoluídas, é uma história do progresso: a humanidade passou e continua a passar do estado selvagem dos povos caçadores sem propriedade e sem Estado ao estado bárbaro dos povos que se iniciam na agricultura e introduzem os primeiros germes de propriedade, ao estado civil caracterizado pela instituição da propriedade, do comércio e do Estado. Não se pode excluir disso tudo que tanto na *societas civilis* dos jusnaturalistas quanto na *bürgerliche Gesellschaft* se esconda também o significado de sociedade civil no sentido de Ferguson e dos escoceses: basta pensar na célebre contraposição hobbesiana entre estado de natureza e estado civil, na qual entre os caracteres do primeiro aparece a *barbaries* e do segundo a *elegantia* [Hobbes 1642, X, 1], ou então na reiterada afirmação de Hegel de que os Estados antigos, tanto os despóticos quanto as repúblicas gregas, não tinham uma sociedade civil, formação característica da idade moderna. Mas sempre resta que a *civil society* de Ferguson é *civil* não porque se distingue da sociedade doméstica ou da sociedade natural, mas porque se contrapõe às sociedades primitivas.

É apenas levando em conta também este significado que se pode compreender plenamente a *société civile* de Rousseau. No *Discurso sobre a origem e os fundamentos da desigualdade entre os homens* (1754), Rousseau descreve, num primeiro tempo, o estado de natureza, isto é, a condição do homem natural, que ainda não vive em sociedade por não lhe ser ela necessária, bastando-lhe a generosa natureza para a satisfação das necessidades essenciais, e é feliz com seu estado; num segundo tempo, descreve o estado de corrupção em que o homem cai após a instituição da propriedade privada, que estimula, agudiza e perverte os instintos egoístas, e após a invenção da agricultura e da metalurgia, hoje se diria de técnicas que multiplicam o poder do homem sobre a natureza e são transformadas em instrumentos de domínio do homem sobre o homem por parte dos mais hábeis e dos mais fortes. Este estado de corrupção Rousseau chama de *société civile*, atribuindo claramente ao adjetivo *civile* o significado de "civilizado", embora a ele imprimindo uma conotação axiologicamente negativa, que diferencia a sua posição com respeito à "civilização" da posição da maior parte dos escritores da época e, em geral, da ideologia iluminista do progresso. Porém, como na maior parte dos escritores em que sociedade civil tem o significado principal de sociedade política não está excluído também o significado de sociedade civilizada, em Rousseau o significado prevalente de sociedade civil como sociedade civilizada não exclui que esta sociedade seja também, em embrião, uma sociedade política diferente do estado de natureza, embora na forma corrupta do domínio dos fortes sobre os fracos, dos ricos sobre os pobres, dos espertos sobre os ingênuos, numa forma de sociedade política da qual o homem deve sair para instituir a república fundada sobre o contrato social, isto é, sobre o acordo paritário de cada um com todos os demais, assim como, segundo a hipótese jusnaturalista que parte de uma inversão de juízo nos dois termos, o homem deve sair do estado de natureza.

6. O debate atual

A digressão histórica mostrou a variedade de significados, inclusive entre si contrastantes, com os quais foi usada a expressão "sociedade civil". Resumindo, o significado predominante foi o de sociedade política ou Estado, usado porém em diversos contextos conforme a sociedade civil ou política tenha sido diferenciada da sociedade doméstica, da sociedade natural, da sociedade religiosa. Ao lado deste, o outro significado tradicional foi o que aparece na seqüência sociedades selvagens, bárbaras e civis, que constituiu, a começar dos escritores do Setecentos, um esquema clássico para o delineamento do progresso humano, com a exceção de Rousseau, para quem a sociedade civil, embora tendo o significado de sociedade civilizada, representa um momento negativo do desenvolvimento histórico. Uma história completamente diversa começa com Hegel, para o qual pela primeira vez a sociedade civil não compreende mais o Estado na sua globalidade mas representa apenas um momento no processo de formação do Estado. Tal história prossegue com Marx que, concentrando a atenção sobre o sistema das necessidades que constitui apenas o primeiro momento da sociedade civil hegeliana, compreende na esfera da sociedade civil exclusivamente as relações materiais ou econômicas e, com uma inversão já completa do significado tradicional, não apenas separa a sociedade civil do Estado como dela faz o momento ao mesmo tempo fundante e antitético. Gramsci, enfim, embora mantendo a distinção entre sociedade civil e Estado, desloca a primeira da esfera da base material para a esfera superestrutural e dela faz o lugar da formação do poder ideológico distinto do poder político estritamente entendido e dos processos de legitimação da classe dominante.

No debate atual, como se disse ao início, a contraposição permaneceu. A idéia de que a sociedade civil é o anteato (ou a contrafação) do Estado entrou de tal maneira na prática cotidiana que é preciso fazer um grande esforço para se convencer de que, durante séculos, a mesma expressão foi usada para designar aquele conjunto de instituições e de normas que hoje constituem exatamente o que se chama de Estado, e que ninguém poderia mais chamar de sociedade civil sem correr o risco de um completo mal-entendido. Naturalmente, tudo isto não ocorreu por mero capricho dos escritores políticos ou por acaso. Não se deve esquecer que *societas civilis* traduzia a *koinonéia politiké* de Aristóteles, uma expressão que designava a cidade como forma de comunidade diversa da família e a ela superior, como a organização de uma convivência que tinha sem dúvida os caracteres da auto-suficiência e da independência que posteriormente serão característicos do Estado em todas as suas formas históricas, mas que não se diferenciava ou não fora jamais conscientemente diferenciada da sociedade econômica subjacente, sendo a atividade econômica um atributo da família (donde o nome de economia que se dava ao governo da casa). Que o Estado fosse definido como uma forma de sociedade era algo que podia ser considerado ainda correto através dos séculos em que durou a controvérsia entre o Estado e a Igreja sobre a delimitação dos respectivos limites, controvérsia que foi representada de uma parte e de outra como um conflito entre duas sociedades, a *societas civium* e a *societas fidelium*. E não era algo de todo impróprio quando, com a doutrina do direito natural e com o contratualismo, o Estado passou a ser visto sobretudo em seu aspecto de associação voluntária para a defesa de alguns interesses preeminentes, como a defesa da vida, da propriedade, da liberdade. Não se deve excluir que a identificação tradicional do Estado com uma forma de sociedade tenha contribuído para retardar a percepção da distinção entre o sistema social no seu conjunto e as instituições políticas através das quais se exerce o domínio (*Herrschaft* no sentido weberiano), distinção que se fora cada vez mais acentuando na idade moderna com o desenvolvimento das relações econômicas para além do governo da casa, de um lado, e do aparato dos poderes públicos, de outro. É inegável porém que com Maquiavel, também por isto digno de ser considerado como o fundador da ciência política moderna, o Estado não pode mais ser de modo algum assemelhado a uma forma de sociedade, e apenas por hábito de escola ainda pode ser definido como *societas civilis*. Quando Maquiavel fala do Estado, pretende falar do máximo poder que se exerce sobre os habitantes de um determinado território e do aparato de que alguns homens ou grupos se servem para adquiri-lo e conservá-lo. O Estado assim entendido não é o Estado-sociedade mas o Estado-máquina. Após Maquiavel, o Estado pode ainda ser definido como *societas civilis* mas a definição se revela cada vez mais incongruente e desviante. A contraposição entre a sociedade e o Estado que alça vôo com o nascimento da sociedade burguesa é a conseqüência natural de uma diferenciação que ocorre nas coisas e, ao mesmo tempo, de uma consciente divisão de tarefas, cada vez mais necessária, entre os que se ocupam da "riqueza das nações" e os que se ocupam das instituições políticas, entre a economia política num primeiro tempo e a sociologia num segundo tempo, de um lado, e a ciência do Estado com todas as famílias de disciplinas afins, a *Polizeiwissenschaft*, a *camaralística*, a *estatística* no sentido originário do termo, a ciência da administração etc., de outro.

Nestes últimos anos pôs-se a questão de saber se a distinção entre sociedade civil e Estado, que por dois séculos teve curso, teria ainda a sua razão de ser. Afirmou-se que ao processo de emancipação da sociedade do Estado seguiu-se um processo inverso de reapropriação da sociedade por parte do Estado, que o Estado, transformando-se de Estado de direito em Estado social (segundo a expressão divulgada sobretudo por juristas e politólogos alemães) e precisamente por ser "social", mal se distingue da sociedade subjacente que ele invade por inteiro através da regulação das relações econômicas. Observou-se, de outra parte, que a este processo de estatalização da sociedade correspondeu um processo inverso mas não menos significativo de socialização do Estado através do desenvolvimento das várias formas de participação nas opções políticas, do crescimento das organizações de massa que exercem direta ou indiretamente algum poder político, donde a expressão "Estado social" poder ser entendida não só no sentido de Estado que permeou a sociedade mas também no sentido de Estado permeado pela sociedade. Estas observações são justas, mas no entanto a contraposição entre sociedade civil e Estado continua a ser de uso corrente, sinal de que reflete uma situação real. Embora prescindindo da consideração de que os dois processos — do Estado que se faz sociedade e da sociedade que se faz Estado — são contraditórios, pois a conclusão do primeiro conduziria ao Estado sem sociedade, isto é, ao Estado totalitário, e a conclusão do segundo à sociedade sem Estado, isto é, à extinção do Estado, o fato é que eles estão longe de se concluir e, exatamente por conviverem não obstante a sua contraditoriedade, não são suscetíveis de conclusão. Estes dois processos representam bem as duas figuras do cidadão participante e do cidadão protegido que estão em conflito entre si às vezes na mesma pessoa: do cidadão que através da participação ativa exige sempre maior proteção do Estado e através da exigência de proteção reforça aquele mesmo Estado do qual gostaria de se assenhorear e que, ao contrário, acaba por se tornar seu patrão. Sob este aspecto, sociedade e Estado atuam como dois momentos necessários, separados mas contíguos, distintos mas interdependentes, do sistema social em sua complexidade e em sua articulação interna.

III.
Estado, poder e governo

1. Para o estudo do Estado

As disciplinas históricas

As duas fontes principais para o estudo do Estado são a história das instituições políticas e a história das doutrinas políticas. Que a história das instituições possa ser extraída da história das doutrinas não quer dizer que as duas histórias devam ser confundidas. Para dar logo um exemplo: uma coisa é a história dos parlamentos na Europa, outra coisa a história dos escritores parlamentaristas. Nenhuma dúvida sobre a importância que pode ter a obra de Aristóteles para o estudo das instituições políticas das cidades gregas, ou o livro VI das *Histórias* de Políbio para o estudo da constituição da república romana. Mas ninguém se contentaria em ler Hobbes para conhecer o ordenamento dos primeiros grandes Estados territoriais da idade moderna, ou Rousseau para conhecer o ordenamento das modernas democracias. De resto, se o estudo das obras de Aristóteles ou das histórias de Políbio é importante para o conhecimento respectivamente do ordenamento das cidades gregas e da república romana, muitas outras fontes, literárias e não literárias, e em número que cresce cada vez mais da idade antiga à idade contemporânea, são necessárias para conhecer a fundo os mecanismos às vezes extremamente complexos através dos quais são instituídas ou modificadas as relações de poder num dado sistema político. Por razões não difíceis de compreender, mas essencialmente pela maior dificuldade de acesso às fontes, a história das instituições desenvolveu-se mais tarde do que a história das doutrinas, tanto que freqüentemente os ordenamentos de um determinado sistema político tornaram-se conhecidos através da reconstrução (às vezes da deformação ou da idealização) que deles fizeram os escritores. Hobbes foi identificado com o Estado absoluto, Locke com a monarquia parlamentar, Montesquieu com o Estado limitado, Rousseau com a democracia, Hegel com a monarquia constitucional e assim por diante.

A primeira fonte para um estudo das instituições autônomo com respeito às doutrinas é fornecida pelos historiadores: Maquiavel reconstrói a história e o ordenamento das instituições da república romana comentando Lívio; Vico, para reconstruir a história civil das nações partindo do estado bestial (*stato ferino*) e chegando aos grandes Estados do seu tempo, denuncia a arrogância dos eruditos, "que pretendem que tudo aquilo que sabem seja tão antigo quanto o mundo" [1744, ed. 1967, p. 72], e entende que, para sua pesquisa, "deve-se proceder como se não existissem livros no mundo" [*ib.*, p. 115].

Ao estudo da história segue o estudo das leis, que regulam as relações entre governantes e governados, o conjunto das normas que constituem o direito público (uma categoria ela própria doutrinária): as primeiras histórias das instituições foram histórias do direito, escritas por juristas que com freqüência tiveram um envolvimento prático direto nos negócios de Estado. Hoje, a história das instituições não só se emancipou da história das doutrinas como também ampliou o estudo dos ordenamentos civis para bem além das formas jurídicas que os modelaram; dirige suas pesquisas para a análise do concreto funcionamento, num determinado período histórico, de um específico instituto, através dos documentos escritos, dos testemunhos dos atores, das avaliações dos contemporâneos, progredindo do estudo de um instituto fundamental como, por exemplo, o parlamento e as suas vicissitudes nos diversos países, ao estudo de institutos particulares como o secretário de Estado, o superintendente, o gabinete secreto, etc., através dos quais torna-se possível descrever a passagem do Estado feudal à monarquia absoluta, ou a gradual formação do aparato administrativo, através do qual pode-se reconstruir o processo de formação do Estado moderno e contemporâneo.

Filosofia e ciência política

Mais do que em seu desenvolvimento histórico, o Estado é estudado em si mesmo, em suas estruturas, funções, elementos constitutivos, mecanismos, órgãos etc., como um sistema complexo considerado em si mesmo e nas relações com os demais sistemas contíguos. Convencionalmente, hoje, o imenso campo de investigação está dividido entre duas disciplinas até didaticamente distintas: a filosofia política e a ciência política. Como todas as distinções convencionais, também esta é lábil e discutível. Quando Hobbes chamava de *philosophia civilis* o conjunto das análises sobre o homem em suas relações sociais, nela também compreendia uma série de considerações que hoje seriam incluídas na ciência política; ao contrário disso, Hegel deu aos seus *Princípios de filosofia do direito* (1821) o subtítulo de *Staatwissenschaft im Grundrisse*, "Fundamentos da ciência do Estado". Na filosofia política são compreendidos três tipos de investigação: *a*) da melhor forma de governo ou da ótima república; *b*) do fundamento do Estado, ou do poder político, com a conseqüente justificação (ou injustificação) da obrigação política; *c*) da essência da categoria do político ou da politicidade, com a prevalente disputa sobre a distinção entre ética e política. Estas três versões da filosofia política são exemplarmente representadas, no início da idade moderna, por três obras que deixaram marcas indeléveis na história da reflexão sobre a política: a *Utopia* de More [1516], desenho da república ideal; o *Leviatã* de Hobbes [1651], que pretende dar uma justificação racional e portanto universal da existência do Estado e indicar as razões pelas quais os seus comandos devem ser obedecidos; e o *Príncipe* de Maquiavel [1513], no qual, ao menos numa de suas interpretações (a única aliás que dá origem a um "ismo", o maquiavelismo), seria mostrado em que consiste a propriedade específica da atividade política e como se distingue ela enquanto tal da moral.

Por "ciência política" entende-se hoje uma investigação no campo da vida política capaz de satisfazer a essas três condições: *a*) o princípio de verificação ou de falsificação como critério da aceitabilidade dos seus resultados; *b*) o uso de técnicas da razão que permitam dar uma explicação causal em sentido forte ou mesmo em sentido fraco do fenômeno investigado; *c*) a abstenção ou abstinência de juízos de valor, a assim chamada "avaloratividade". Considerando as três formas de filosofia política acima descritas, observe-se que a cada uma delas falta ao menos uma das características da ciência. A filosofia política como investigação da ótima república não tem caráter avalorativo; como investigação do fundamento último do poder não deseja explicar o fenômeno do poder mas justificá-lo, operação que tem por finalidade qualificar um comportamento como lícito ou ilícito, o que não se pode fazer sem a referência a valores; como investigação da essência da política escapa a toda verificação ou falsificação empírica, na medida em que isso que se chama presunçosamente de essência da política resulta de uma definição nominal e, como tal, não é verdadeira nem falsa.

Ponto de vista sociológico e jurídico

Além da distinção dos dois campos denominados convencionalmente de "filosofia" e "ciência" da política, o tema do Estado pode ser abordado de diferentes pontos de vista. Com a *Doutrina geral do Estado* [1910], de Georg Jellinek, entrou por muito tempo em uso nas teorias do Estado a distinção entre doutrina sociológica e doutrina jurídica do Estado. Esta distinção tornara-se necessária em seguida à tecnicização do direito público e à consideração do Estado como pessoa jurídica, que dela derivara. Por sua vez, a tecnicização do direito público era a conseqüência natural da concepção do Estado como Estado de direito, como Estado concebido principalmente como órgão de produção jurídica e, no seu conjunto, como ordenamento jurídico. Por outro lado, tal reconstrução do Estado como ordenamento jurídico não tinha feito com que se esquecesse que o Estado era também, através do direito, uma forma de organização social e que, como tal, não podia ser dissociado da sociedade e das relações sociais subjacentes. Daí a necessidade de uma distinção entre ponto de vista jurídico — a ser deixado aos juristas que, de resto, tinham sido por séculos os principais artífices dos tratados sobre o Estado — e ponto de vista sociológico, que deveria valer-se das contribuições dos sociólogos, dos etnólogos, dos estudiosos das várias formas de organização social: uma distinção que não podia ser percebida antes do advento da sociologia como ciência geral que englobava a teoria do Estado.

A distinção de Jellinek foi reconhecida como relevante e acreditada por Max Weber, que, usando como pretexto exatamente a *Doutrina geral do Estado,* sustenta a necessidade de distinguir o ponto de vista jurídico do ponto de vista sociológico. Jellinek havia afirmado que a doutrina social do Estado "tem por conteúdo a existência objetiva, histórica ou natural do Estado", enquanto a doutrina jurídica se ocupa das "normas jurídicas que naquela existência real devem se manifestar" [1910, trad. it. I, p. 73], e havia fundado a distinção sobre a contraposição, destinada a ter fortuna, entre a esfera do ser e a esfera do dever ser. Weber, iniciando o tratamento de sociologia jurídica, da qual é considerado um dos fundadores, afirma que "quando se fala de direito, ordenamento jurídico, norma jurídica, é necessário um particular rigor para diferenciar o ponto de vista jurídico do sociológico" [Weber 1908-20, trad. it. I, p. 309]: uma distinção que ele reconduz à diferença entre validade ideal, de que se ocupam os juristas, e validade empírica das normas, de que se ocupam os sociólogos. Para Weber, tal distinção era uma premissa indispensável para deixar claro que ele se ocuparia do Estado como sociólogo e não como jurista. Este tratado torna-se um capítulo da teoria dos grupos sociais, dos quais uma espécie são os grupos políticos, que por sua vez se tornam Estados (no sentido de "Estado moderno") quando dotados de um aparato administrativo que avança com sucesso a pretensão de se valer do monopólio da força sobre um determinado território. Apenas com Kelsen [1922], que critica o dúplice ponto de vista de Jellinek (por ele denominado *Zweiseitentheorie*), o Estado é resolvido totalmente no ordenamento jurídico e portanto desaparece como entidade diversa do direito, que dele regula a atividade dedicada à produção e à execução de normas jurídicas. De todas as teses kelsenianas, a da redução radical do Estado a ordenamento jurídico foi a que teve menor fortuna.

Com a transformação do puro Estado de direito em Estado social, as teorias meramente jurídicas do Estado, condenadas como formalistas, foram abandonadas pelos próprios juristas. Com isso, recuperaram vigor os estudos de sociologia política, que têm por objeto o Estado como forma complexa de organização social (da qual o direito é apenas um dos elementos constitutivos).

Funcionalismo e marxismo

Entre as teorias sociológicas do Estado, sobretudo duas mantiveram-se em campo nestes últimos anos, freqüentemente em polêmica entre si mas ainda mais freqüentemente ignorando-se, procedendo cada uma delas pela própria estrada como se a outra não existisse: a teoria marxista e a teoria funcionalista, dominante na *political science* americana, que teve grande influência também na Europa e foi acolhida durante anos como a ciência política por excelência. Entre as duas teorias existem diferenças tanto com respeito à concepção de ciência em geral como com respeito ao método. Mas a diferença essencial refere-se à colocação do Estado no sistema social considerado em seu conjunto. A concepção marxiana da sociedade distingue em cada sociedade histórica, ao menos a partir de uma certa fase do desenvolvimento econômico, dois momentos, que não são postos, com respeito à sua força determinante e à sua capacidade de condicionar o desenvolvimento do sistema e a passagem de um sistema a outro, sobre o mesmo plano: a base econômica e a superestrutura. As instituições políticas, numa palavra o Estado, pertencem ao segundo momento. O momento subjacente, que compreende as relações econômicas, caracterizadas em cada época por uma determinada forma de produção, é o momento determinante, embora nem sempre, segundo algumas interpretações, dominante. Ao contrário, a concepção funcionalista (que descende de Parsons) concebe o sistema global em seu conjunto como diferenciado em quatro subsistemas (*patter-maintenance, goal-attainment, adaptation, integration*), caracterizados pelas funções igualmente essenciais que cada um deles desempenha para a conservação do equilíbrio social, fazendo assim com que sejam reciprocamente interdependentes. Ao subsistema político cabe a função do *goal-attainment,* o que equivale a dizer que a função política exercida pelo conjunto das instituições que constituem o Estado é uma das quatro funções fundamentais de todo sistema social. É verdade que também na concepção marxiana a relação entre base econômica e superestrutura política é uma relação de ação recíproca, mas resta inquestionável a idéia (sem a qual perderia força um dos caracteres essenciais da teoria marxista) de que a base econômica é sempre determinante em última instância. Na teoria funcionalista, não existem diversidades de planos entre as diversas funções de que todo sistema social não se pode privar. Além do mais, o subsistema ao qual é atribuída uma função preeminente não é o subsistema econômico mas o cultural, pois a máxima força coesiva de todo grupo social dependeria da adesão aos valores e às normas estabelecidas, através do processo de socialização de um lado (interiorização dos valores sociais) e de controle social de outro (observância das normas que regulam a generalidade dos comportamentos).

As duas diversas — melhor: opostas — concepções podem ser reconduzidas ao diverso problema de fundo que elas próprias se põem e pretendem resolver. Enquanto a teoria funcionalista, especialmente na sua versão parsoniana, é dominada pelo tema hobbesiano da ordem, a marxista é dominada pelo tema da ruptura da ordem, da passagem de uma ordem a outra, concebida como passagem de uma forma de produção a outra através da explosão das contradições internas ao sistema, especialmente da contradição entre forças produtivas e relações de produção. Enquanto a primeira se preocupa essencialmente com o problema da conservação social, a segunda se preocupa essencialmente com a mudança social. De um lado, as mudanças que interessam à teoria funcionalista são as que ocorrem no interior do sistema e que o sistema tem a capacidade de absorver mediante pequenos ajustamentos previstos pelo próprio mecanismo do sistema. Marx e os marxistas sempre preconizaram, analisaram e prefiguraram a grande mudança, aquela que coloca em crise um determinado sistema e dele cria, através de um salto qualitativo, um outro sistema. Segundo um lugar-comum (mas nem por isso errôneo) do pensamento sociológico, a grande divisão é a que opõe os sistemas que privilegiam o momento da coesão aos sistemas que privilegiam o momento do antagonismo, os sistemas assim chamados integracionistas aos sistemas assim chamados conflitualistas. Seria difícil encontrar na história do pensamento sociológico dois protótipos desta grande divisão mais puros do que o marxismo e o funcionalismo. Pode-se também acrescentar que a concepção funcionalista é sob certos aspectos análoga àquela contra a qual Marx travou uma de suas batalhas teóricas mais célebres, a concepção da economia clássica segundo a qual a sociedade civil, não obstante os conflitos que a agitam, obedece a uma espécie de ordem preestabelecida e goza da vantagem de um mecanismo — o mercado — destinado a manter o equilíbrio através de um contínuo ajustamento dos interesses concorrentes.

Nos últimos anos, o ponto de vista que acabou por prevalecer na representação do Estado foi o sistêmico, extraído — sem muito rigor e com algumas variações — da teoria dos sistemas (*in primis*, David Easton e Gabriel Almond). A relação entre o conjunto das instituições políticas e o sistema social no seu todo é representada como uma relação demanda-resposta (*input-output*). A função das instituições políticas é a de dar respostas às demandas provenientes do ambiente social ou, segundo uma terminologia corrente, de converter as demandas em respostas. As respostas das instituições políticas são dadas sob a forma de decisões coletivas vinculatórias para toda a sociedade. Por sua vez, estas respostas retroagem sobre a transformação do ambiente social, do qual, em seqüência ao modo como são dadas as respostas, nascem novas demandas, num processo de mudança contínua que pode ser gradual quando existe correspondência entre demandas e respostas, brusco quando por uma sobrecarga das demandas sobre as respostas interrompe-se o fluxo de retroação e as instituições políticas vigentes, não conseguindo mais dar respostas satisfatórias, sofrem um processo de transformação que pode chegar à fase final da completa modificação. A representação sistêmica do Estado é perfeitamente compatível com ambas as teorias gerais da sociedade de que se falou pouco atrás. Ficando estabelecida a diversa interpretação da função do Estado na sociedade, a representação sistêmica do Estado deseja propor um esquema conceitual para analisar como as instituições políticas funcionam, como exercem a função que lhes é própria, seja qual for a interpretação que delas se faça.

Estado e sociedade

Aquilo que mudou — melhor: que foi completamente invertido — ao longo da secular reflexão sobre o problema do Estado foi a relação entre Estado e sociedade. Durante séculos a organização política foi o objeto por excelência de toda reflexão sobre a vida social do homem, sobre o homem como animal social, como *politikón zoon*, onde em *politikón* estava compreendido sem diferenciação o hodierno dúplice sentido de "social" e "político". Com isto não se quer dizer que o pensamento antigo não tenha relevado a existência de formas associativas humanas diferentes do Estado, mas a família foi considerada por Aristóteles como primeira forma embrionária e imperfeita da *pólis* e o seu tratamento foi colocado no início da *política*. Quanto às demais formas de sociedade ou *Koinoniai*, constituídas por acordo ou por necessidade pelos indivíduos com o objetivo de atingir fins particulares, são tratadas pelo próprio Aristóteles no capítulo da *Ética a Nicômaco* dedicado à amizade, e precisamente por serem formadas para o alcance de fins particulares — a navegação por parte dos navegantes, a vitória na guerra por parte dos homens de armas, o prazer e a distração por parte dos que se reúnem para banquetear — estão subordinadas à sociedade política, que visa não a uma utilidade particular ou momentânea mas à utilidade geral e duradoura capaz de envolver toda a vida do homem [1160*a*]. A relação entre sociedade política (que, isolada, é a *societas perfecta*) e as sociedades particulares é uma relação entre o todo e as partes, na qual o todo, o ente englobador, é a *pólis,* e as partes englobadas são a família e as associações. Em toda a tratadística política até Hegel inclusive, permanece constante esta relação entre o Estado e as sociedades menores ou parciais. No *Leviatã* de Hobbes [1651], além do capítulo sobre a família e sobre a sociedade patronal, que é comum a todos os tratados de política da época, há também um capítulo (o XXII) sobre as sociedades parciais (denominadas, de modo grego, *systems*), das quais é apresentada uma rica exemplificação com a correspondente tipologia, que constituiria hoje um dos capítulos principais de um tratado de sociologia. A teoria política de Hegel, exposta na parte III dos *Princípios de filosofia do direito* [1821], é uma teoria do Estado como momento culminante do Espírito objetivo, culminante no sentido de que resolve e supera os dois momentos precedentes da família e da sociedade civil; e na qual é inserido, entre outros, o tratado sobre as corporações, típicas sociedades parciais e com fins particulares no sentido tradicional. Com a emancipação da sociedade civil-burguesa, no sentido marxiano, ou da sociedade industrial, no sentido saint-simoniano, do Estado, inverte-se a relação entre instituições políticas e sociedade. Pouco a pouco a sociedade nas suas várias articulações torna-se o todo, do qual o Estado, considerado restritivamente como o aparato coativo com o qual um setor da sociedade exerce o poder sobre o outro, é degradado à parte. Se o curso da humanidade desenrolou-se até então das sociedades menores (como a família) ao Estado, agora finalmente — de um lado com a descoberta das leis econômicas que permitem ao homem uma convivência harmoniosa com uma necessidade mínima de aparato coativo e portanto de poder político, de outro com o desenvolvimento da organização industrial mantida pelos cientistas e pelos próprios industriais que de agora em diante renunciarão à espada de César — passará a se desenrolar através de um processo inverso que vai do Estado opressivo à sociedade libertada. Desta inversão nasce uma das idéias dominantes do século XIX, comum tanto ao socialismo utópico quanto ao socialismo científico, tanto às várias formas de pensamento libertário quanto ao pensamento liberal em suas expressões mais radicais: a idéia da inevitável extinção do Estado ou ao menos da sua redução aos mínimos termos. No que se refere aos tratados sobre o Estado, tornam-se eles cada vez mais tratados parciais com respeito ao tratado geral da sociedade. Poucos anos após a morte de Hegel sai o *Curso de filosofia positiva* de Comte [1830-42], que culmina na teoria geral da sociedade, ou sociologia, da qual o tema do Estado constitui apenas uma parte. Na própria Alemanha de Hegel, desaparece com Lorenz von Stein a *gesamte Staatswissenschaft*, "ciência geral do Estado", e a uma *Staatswissenschaft* cada vez mais restrita em seu objeto, e cada vez mais reduzida a um tratado do Estado distinto da sociedade global, contrapõe-se uma *Gesellschaftswissenschaft*, "ciência da sociedade". Hoje a sociologia política é uma parte da sociologia geral, e a ciência política é uma das ciências sociais. O Estado como sistema político é, com respeito ao sistema social, um subsistema.

Da parte dos governantes ou dos governados

Ao lado das diversas maneiras de considerar o problema do Estado, examinadas até aqui, com respeito ao objeto, ao método, ao ponto de vista, à concepção do sistema social, deve-se mencionar uma contraposição que, em geral, não é levada na devida conta mas que divide em dois campos opostos as doutrinas políticas talvez mais do que qualquer outra dicotomia. Refiro-me à contraposição que deriva da diversa posição que os escritores assumem com respeito à relação política fundamental — governantes-governados, soberano-súditos ou Estado-cidadãos —, relação que é geralmente considerada com relação entre superior e inferior, salvo numa concepção democrática radical onde governantes e governados identificam-se ao menos idealmente numa única pessoa e o governo se resolve no autogoverno. Considerada a relação política como uma relação específica entre dois sujeitos, dos quais um tem o direito de comandar e o outro o dever de obedecer, o problema do Estado pode ser tratado prevalentemente do ponto de vista do governante ou do ponto de vista do governado: *ex parte principis* ou *ex parte populi*. Na realidade, numa longa tradição que vai do *Político* de Platão ao *Príncipe* de Maquiavel, da *Ciropédia* de Xenofonte ao *Princeps christianus* de Erasmo [1515], os escritores políticos trataram o problema do Estado principalmente do ponto de vista dos governantes: seus temas essenciais são a arte de bem governar, as virtudes ou habilidades ou capacidades que se exigem do bom governante, as várias formas de governo, a distinção entre bom e mau governo, a fenomenologia da tirania em todas as suas diversas formas, direitos, deveres e prerrogativas dos governantes, as diversas funções do Estado e os poderes necessários para cumpri-las adequadamente, os vários ramos da administração, conceitos fundamentais como *dominium, imperium, maiestas, auctoritas, potestas* e *summa potestas* que todos referem apenas a um dos dois sujeitos da relação, àquele que está no alto e que se torna deste modo o verdadeiro sujeito ativo da relação, sendo o outro tratado como sujeito passivo, a matéria com respeito à forma (formante). Não que tenha estado completamente ausente a outra perspectiva, a da sociedade política vista de baixo, a partir dos interesses, necessidades e direitos dos destinatários do benefício (ou do malefício, segundo os casos) do governo, mas a persistência e a insistência de certas metáforas — o pastor que pressupõe um rebanho, o *gubernator* (no sentido originário de "timoneiro") que pressupõe uma chusma, o pai que pressupõe filhos menores e carentes de proteção, o senhor que pressupõe os servos — mostram, mais do que uma longa exemplificação, o sentido e a direção predominantes no discurso político dos séculos passados. Mesmo a metáfora, empregada por Platão no *Político,* do governante-tecelão — "o fim da trama da ação política é uma boa tecedura" [311*b*] — não escapa desta perspectiva: a arte de tecer é aquela que "indica a cada um as obras que devem ser terminadas" [ib., 308*e*].

A reviravolta, a descoberta da outra face da Lua, até então desconhecida, ocorre no início da idade moderna, com a doutrina dos direitos naturais que pertencem ao indivíduo singular. Estes direitos precedem à formação de qualquer sociedade política e portanto de toda a estrutura de poder que a caracteriza. Diferentemente da família ou da sociedade senhorial, a sociedade política começa a ser entendida de modo prevalente (precedentes disto tinham também existido na idade clássica) como um produto voluntário dos indivíduos, que com um acordo recíproco decidem viver em sociedade e instituir um governo. Johannes Althusius, um dos maiores artífices deste novo modo de ver, define a política do seguinte modo: "A política é a arte por meio da qual os homens se associam com o objetivo de instaurar, cultivar e conservar entre si a vida social. Por este motivo é definida como simbiótica" [1603, ed. 1932 I, 1]. Althusius parte dos "homens" e procede através da obra dos homens em direção da descrição da comunidade política. O ponto de partida de Aristóteles, que durante séculos foi uma referência fundamental, é exatamente o oposto: "É evidente (...) que o Estado existe por natureza [e portanto não é instituído pelos homens] e é anterior a cada um dos indivíduos" [*Política*, 1253*a*, 25]. O que comporta esta inversão do ponto de partida, mesmo que depois Althusius não tenha tirado dela todas as conseqüências? Comporta o relevo dado a problemas políticos diversos daqueles tratados habitualmente por quem se põe *ex parte principis*: a liberdade dos cidadãos (de fato ou de direito, civil ou política, negativa ou positiva) e não o poder dos governantes; o bem-estar, a prosperidade, a felicidade dos indivíduos considerados um a um, e não apenas a potência do Estado; o direito de resistência às leis injustas, e não apenas o dever de obediência (ativa ou passiva); a articulação da sociedade política em partes inclusive contrapostas (os partidos não mais avaliados unicamente como facções que dilaceram o tecido do Estado), e não apenas a sua compacta unidade; a divisão e contraposição vertical e horizontal dos diversos centros de poder e não apenas o poder na sua concentração e na sua centralidade; o mérito de um governo devendo ser procurado mais na quantidade de direitos de que goza o singular do que na medida dos poderes dos governantes. Para Locke, o fim do governo civil é a garantia da propriedade que é um direito individual, cuja formação precede ao nascimento do Estado; para Spinoza e para

Rousseau, é a liberdade, não a *libertas* que Hobbes lia sobre os muros das cidades fortificadas e interpretava justamente como independência em relação às outras cidades (a auto-suficiência de que tinha falado Aristóteles). A mais alta expressão praticamente relevante desta inversão são as Declarações dos direitos americanas e francesas, nas quais é solenemente enunciado o princípio de que o governo é para o indivíduo e não o indivíduo para o governo, um princípio que exerceu grande influência não apenas sobre todas as constituições que vieram depois mas também sobre a reflexão a respeito do Estado, tornando-se assim, ao menos em termos ideais, irreversível. Na reflexão política, pelo menos a partir da revolução francesa, a reviravolta mais significativa foi a que se refere à idéia de "mudança", no sentido do livro V da *Política* aristotélica, isto é, da passagem de uma forma de governo a outra. Considerada até então geralmente como um mal (conclusão lógica de uma doutrina política que por séculos estimou e exaltou a estabilidade e considerou a guerra civil como o pior dos males), tal passagem começa a adquirir um valor positivo por parte dos movimentos revolucionários, que passam a ver na mudança o início de uma nova era. Mas precisamente como a guerra civil representava a crise do Estado vista *ex parte principis*, a revolução, interpretada positivamente, representou a crise do Estado vista *ex parte populi*.

2. O nome e a coisa

Origem do nome

É fora de discussão que a palavra "Estado" se impôs através da difusão e pelo prestígio do *Príncipe* de Maquiavel. A obra começa, como se sabe, com estas palavras: "Todos os estados, todos os domínios que imperaram e imperam sobre os homens, foram e são ou repúblicas ou principados" [1513, ed. 1977, p. 5]. Isto não quer dizer que a palavra tenha sido introduzida por Maquiavel. Minuciosas e amplas pesquisas sobre o uso de "Estado" na linguagem do Quatrocentos e do Quinhentos mostram que a passagem do significado corrente do termo *status* de "situação" para "Estado" no sentido moderno da palavra, já ocorrera, através do isolamento do primeiro termo da expressão clássica *status rei publicae*. O próprio Maquiavel não poderia ter escrito aquela frase exatamente no início da obra se a palavra em questão já não fosse de uso corrente.

Certo, com o autor do *Príncipe* o termo "Estado" vai pouco a pouco substituindo, embora através de um longo percurso, os termos tradicionais com que fora designada até então a máxima organização de um grupo de indivíduos sobre um território em virtude de um poder de comando: *civitas*, que traduzia o grego *pólis*, e *res publica* com o qual os escritores romanos designavam o conjunto das instituições políticas de Roma, justamente da *civitas*. O longo percurso é demonstrado pelo fato de que ainda no final do Quinhentos Jean Bodin intitularia seu tratado político de *Da República* [1576], dedicado a todas as formas de Estado e não só às repúblicas em sentido restrito; no Seiscentos, Hobbes usará predominantemente os termos *civitas* nas obras latinas e *commonwealth* nas obras inglesas, com todas as acepções em que hoje se usa "Estado". Não que os Romanos não conhecessem e não usassem o termo *regnum* para designar um ordenamento diverso daquele da *civitas*, um ordenamento dirigido pelo poder de um só, mas não obstante fosse bem clara a distinção entre o governo de um só e o governo de um corpo coletivo não tiveram jamais uma palavra que servisse para designar o gênero, do qual *regna* e *res publica* em sentido estrito fossem as espécies, tanto que *res publica* continuou a ser usada como espécie e como gênero: "*Cum penes unum est omnium summa rerum, regem illum unum vocamus et regnum eius rei publicae status*" [Cícero, *De re publica*, I, 26, 42]. A própria história romana, de resto, oferecia um exemplo extremamente significativo e perfeitamente reconhecido de passagem de uma forma de regimento político a outra, na transição do *regnum* à *res publica* e da *res publica* ao *principatus*. Quando, durante o domínio de César, Cícero escreve "*rem publicam verbo retinemus, re ipsa vero iam pridem amisimus*" [*ib.*, V, 1, 2], mostra estar perfeitamente consciente do significado ambíguo do termo *res publica* e ter em mente a distinção entre a república como específica forma de governo, isto é, como a forma de governo da Roma "republicana", e outras possíveis formas de governo. A única palavra do gênero conhecida pelos antigos para designar as várias formas de governo era *civitas* mas, quando já na Europa, no tempo de Maquiavel, o termo *civitas* devia ser percebido, especialmente para quem falava em língua vulgar (e não em latim), como sempre mais inadequado para representar a realidade de ordenamentos políticos que se estendiam territorialmente bem além dos muros de uma cidade, aí compreendidas as repúblicas que tomavam de empréstimo o nome de uma cidade, como a república de Veneza; assim, a exigência de ter à disposição um termo de gênero mais adequado para representar as situações reais devia ser mais forte do que o vínculo a uma longa e respeitada tradição. Daí a fortuna do termo "Estado", que através de modificações ainda não bem esclarecidas passou de um significado genérico de situação para um significado específico de condição de posse permanente e exclusiva de um território e de comando sobre os seus respectivos habitantes, como aparece no próprio trecho de Maquiavel, no qual o termo "Estado", apenas introduzido, é imediatamente assimilado ao termo "domínio". Não obstante a novidade do trecho, no qual "Estado" é usado como o termo do gênero, e "república" como o termo da espécie, para indicar uma das duas formas de governo, e não obstante a importância que teve para a formação do léxico que se usa ainda hoje, o significado tradicional desses termos não foi abandonado nem mesmo por Maquiavel, e o seu uso continuou a ser promíscuo, como resulta deste trecho dos *Discursos sobre a primeira década*, no qual Maquiavel introduz o discurso sobre as formas de governo, tendo por guia Políbio: "Digo, como alguns que escreveram a respeito das repúblicas, que nelas podem existir três tipos de estado, por eles chamados de Principado, Aristocrático e Popular; os que pretendem estabelecer a ordem numa cidade devem escolher um desses três tipos, conforme lhes pareça mais conveniente" [1513-19, ed. 1977 p. 130].

Argumentos em favor da descontinuidade

O problema do nome "Estado" não seria tão importante se a introdução do novo termo nos primórdios da idade moderna não tivesse sido uma ocasião para sustentar que ele não correspondia apenas a uma exigência de clareza lexical mas ia ao encontro da necessidade de encontrar um novo nome para uma realidade nova: a realidade do Estado precisamente moderno, a ser considerado como uma forma de ordenamento tão diverso dos ordenamentos precedentes que não podia mais ser chamado com os antigos nomes. É de fato opinião difusa, sustentada criteriosamente por historiadores, juristas e escritores políticos, que com Maquiavel não começa apenas a fortuna de uma palavra mas a reflexão sobre uma realidade desconhecida pelos escritores antigos, da qual a palavra nova é um indicador, tanto que seria oportuno falar de "Estado" unicamente para as formações políticas nascidas da crise da sociedade medieval, e não para os ordenamentos precedentes. Em outras palavras, o termo "Estado" deveria ser usado com cautela para as organizações políticas existentes antes daquele ordenamento que de fato foi chamado pela primeira vez de "Estado": o nome novo nada mais seria do que o sinal de uma coisa nova. O debate freqüentemente assumiu a forma de uma resposta a perguntas do seguinte gênero: "Existiu uma sociedade política passível de ser chamada "Estado" antes dos grandes Estados territoriais com os quais se faz começar a história do Estado moderno?" Ou então: "O adjetivo 'moderno' é necessário para diferenciar uma realidade que nasceu com o nome de 'Estado' e para a qual portanto qualquer outra especificação é inútil?" Ou ainda: "O que é que o adjetivo 'moderno' acrescenta ao significado já rico de 'Estado' que já não esteja no substantivo que de fato os antigos não conheciam?"

Perguntas deste gênero vinculam-se a um problema ainda mais vasto, sobre o qual as respostas são infinitamente várias e radicalmente contrastantes: o problema da origem do Estado. Nos historiadores das instituições, que descreveram a formação dos grandes Estados territoriais a partir da dissolução e transformação da sociedade medieval, existe uma tendência a sustentar a solução de continuidade entre os ordenamentos da antigüidade ou da idade intermediária e os ordenamentos da idade moderna, e em conseqüência a considerar o Estado como uma formação histórica que não só não existiu sempre, como nasceu numa época relativamente recente. Não faltam evidentemente argumentos a favor de de uma tese deste gênero. O maior deles é o processo inexorável de concentração do poder de comando sobre um determinado território bastante vasto, que acontece através da monopolização de alguns serviços essenciais para a manutenção da ordem interna e externa, tais como a produção do direito através da lei, que à diferença do direito consuetudinário é uma emanação da vontade do soberano, e do aparato coativo necessário à aplicação do direito contra os renitentes, bem como através do reordenamento da imposição e do recolhimento fiscal, necessário para o efetivo exercício dos poderes aumentados. Quem descreveu com extraordinária lucidez este fenômeno foi Max Weber, que viu no processo de formação do Estado moderno um fenômeno de expropriação por parte do poder público dos meios de serviço como as armas, fenômeno que caminha lado a lado com o processo de expropriação dos meios de produção possuídos pelos artesãos por parte dos possuidores de capitais. Desta observação deriva a concepção weberiana, hoje tornada *communis opinio*, do Estado moderno definido mediante dois elementos constitutivos: a presença de um aparato administrativo com a função de prover à prestação de serviços públicos e o monopólio legítimo da força.

Sejam quais forem os argumentos pró ou contra a continuidade de uma organização política da sociedade, a questão de saber se o Estado sempre existiu ou se se pode falar de Estado apenas a partir de uma certa época é uma questão cuja solução depende unicamente da definição de Estado da qual se parta: se de uma definição mais ampla ou mais estreita. A escolha de uma definição depende de critérios de oportunidade e não de verdade. Sabe-se que quanto mais numerosas são as conotações de um conceito tanto mais se restringe o campo por ele denotado, isto é, a sua extensão. Quem considera como elemento constitutivo do conceito de Estado também um certo aparato administrativo e o cumprimento de certas funções que apenas o Estado moderno desempenha, deverá necessariamente sustentar que a *pólis* grega não é um Estado, que a sociedade feudal não tinha um Estado etc. O problema real que deve preocupar todos os que têm interesse em compreender o fenômeno do ordenamento político não é portanto o de saber se o Estado existe apenas a partir da idade moderna, mas sim o de saber se existem analogias e diferenças entre o assim chamado Estado moderno e os ordenamentos políticos precedentes, se devem ser postas em evidência mais umas do que outras, qualquer que seja o nome que se queira dar aos diversos ordenamentos. Quem considera que se pode falar de Estado apenas a propósito dos ordenamentos políticos de que trataram Bodin ou Hobbes ou Hegel, comporta-se deste modo porque vê mais a descontinuidade do que a continuidade, mais as diferenças do que as analogias. Quem fala indiferentemente de Estado para se referir tanto ao Estado de Bodin como à *pólis* grega, vê mais as analogias do que as diferenças, mais a continuidade do que a descontinuidade. Posto o problema nestes termos, trata-se de ir além da questão lexical para isolar e descrever as modificações que ocorreram na passagem de uma forma de ordenamento a outra, aquilo que permaneceu e aquilo que mudou, os elementos de descontinuidade e também os elementos de continuidade, sem se deixar ofuscar pelo aparecimento de um nome novo.

Argumentos em favor da continuidade

Se em favor da descontinuidade valem os argumentos acima mencionados, para a continuidade valem outros argumentos não menos fortes. Antes de tudo a constatação de que um tratado de política como o de Aristóteles, dedicado à análise da cidade grega, não perdeu nada de sua eficácia descritiva e explicativa frente aos ordenamentos políticos que se sucederam desde então. Pense-se, para dar um exemplo, na tipologia das formas de governo que chegou até nós e que foi empregada, embora com correções e adaptações, pelos maiores escritores políticos que fizeram do Estado o objeto das suas reflexões. Ou então, para dar um outro exemplo, na definição que Aristóteles dá de "constituição" (*politéia*) como ordenamento das magistraturas, e nas magistraturas que constituem o ordenamento de uma cidade, na distribuição dos cargos e na distinção das funções, que permitem iluminadoras análises comparativas dos ordenamentos políticos modernos. Ou ainda na análise das modificações, isto é, das várias formas de transição de uma forma de governo a outra, à qual é dedicado o livro V, uma análise na qual qualquer leitor dos dias de hoje pode encontrar elementos úteis de comparação com os fenômenos análogos a que sempre estiveram submetidos os Estados no curso de sua evolução histórica. O mesmo pode se dizer daquilo que diz respeito às relações entre as cidades gregas, relações caracterizadas por guerras, represálias, tréguas, tratados de paz, que se reproduzem num nível quantitativamente superior, mas não qualitativamente diverso, nas relações entre os Estados a partir da idade moderna. Quem ler *De iure belli ac pacis*, de Grotius [1625], não deverá se surpreender ao se encontrar com uma miríade de exemplos de *ius gentium* tirados do mundo antigo, quando os Estados modernos, no sentido que os modernistas atribuem a esta expressão, ainda não existiam. Tanto a *Política* de Aristóteles para as relações internas, quanto as *Histórias* de Tucídides para as relações externas, são ainda hoje uma fonte inexaurível de ensinamentos e de pontos de referência e de confronto. De resto, o próprio Maquiavel leu e comentou a história romana, não como historiador, mas como estudioso da política, com o objetivo de dela extrair lições práticas a serem aplicadas aos Estados de seu tempo. O estudo da história romana através dos grandes historiadores, de Lívio a Tácito, sempre foi uma das fontes principais da tratadística política que acompanha a formação e o crescimento do Estado moderno. Também Montesquieu escreve as suas *Considerações sobre as causas da grandeza dos Romanos e da sua decadência* [1734]. Rousseau dedica a última parte do *Contrato social* [1762] a um exame das magistraturas romanas, dos comícios, do tribunato, da ditadura, da censura, não certamente com o objetivo de ostentar uma fácil e inútil erudição, mas essencialmente para mostrar a perene vitalidade daquelas instituições. Não se explicaria esta contínua reflexão sobre a história antiga e as instituições dos antigos se a um certo momento do desenvolvimento histórico tivesse ocorrido uma fratura grande o suficiente para dar origem a um tipo de organização social e política incomparável com as do passado, tão incomparável que apenas ele mereceria o nome de "Estado".

O mesmo discurso pode-se fazer e se tem feito para o longo período de história que vai da queda do império romano ao nascimento dos grandes Estados territoriais, para o qual pôs-se com particular interesse a questão da continuidade. E isto tanto no que se refere ao início do período — isto é, no que se refere à sociedade e às instituições econômicas e sociais do baixo império, com duas diversas perguntas: "O baixo império já contém os pródomos do medievo ou o alto medievo conserva resíduos da antiguidade clássica?" — quanto no que se refere ao fim, ao processo de cada vez maior concentração do poder que dá origem à realidade e à idéia de Estado sobreviventes até hoje. Ainda uma vez, nada mostra melhor a relatividade da noção de continuidade histórica do que a disputa sobre aquela longa idade de transição e de pretensa decadência (a "barbárie retornada" de Vico) que teria sido o medievo. Continuidade com respeito a quê? Às instituições políticas (como a organização do poder central), ou às instituições econômicas (como a grande propriedade fundiária e o modo de organização da terra)? Existe continuidade entre as cidades romanas e as cidades medievais, entre os *collegia* e as corporações? Sobretudo com respeito à organização política, pode-se falar propriamente de Estado — que implica a idéia da unidade de poder sobre um determinado território — numa sociedade fracionada e policêntrica como aquela dos primeiros séculos, na idade dos reinos bárbaros em que as principais funções que hoje são habitualmente atribuídas ao Estado e servem para conotá-lo são desempenhadas por poderes periféricos, onde não existe distinção nem no alto nem em baixo entre poder propriamente político e poder econômico?; onde as relações de direito público são reguladas por institutos típicos do direito privado (como o contrato, que é uma relação tipo *do ut des*), onde predominam as relações pessoais sobre as relações territoriais, segundo a conhecida distinção entre o *Personen Verbandstaat* e o *institutioneller Flächenstaat*?; onde desaparece ou se debilita a idéia abstrata de Estado tão bem desenhada pelo termo latino *res publica* e o Estado é sempre mais identificado com o poder pessoal de um homem investido por desejo divino do comando sobre os outros homens? No entanto, mesmo no alto medievo não desaparece a idéia do *regnum* e do *imperium*, isto é, de um poder que é o único autorizado a exercer em última instância a força, porque tem por fim supremo da sua preeminência a manutenção da paz e o exercício da justiça (*rex a recte regendo*): duas funções que não podem ser exercidas senão por quem possui um poder coativo superior e legítimo, e exatamente por ser assim, como observou Marc Bloch, conservou ao longo dos séculos um vigor que ultrapassou o sistema da sociedade feudal, e converteu-se num dos princípios que estão na base da tratadística sobre o Estado que chega aos dias de hoje. Todavia, é exatamente durante os séculos do medievo que vai sendo elaborada pelos legistas aquela concepção jurídica do Estado que não era estranha à teoria política romana (recorde-se o *coetus multitudinis iuris consensu* de Cícero), mas que apenas através da elaboração dos primeiros comentadores do *Corpus iuris* chega intacta quase até hoje, a relação entre *lex* e *rex*, a teoria da soberania como independência (*superiorem non recognoscens*) e portanto como poder de ditar leis sem autorização (a cidade *sibi princeps*, que reproduz o sentido do *autokrates* grego), e que através das diversas interpretações da *lex regia de imperio* põe em discussão o problema do fundamento do poder. Pertence à tratadística medieval, e a atravessa por inteiro, um dos temas mais constantes da teoria política, a distinção entre rei e tirano, que é aliás o problema do bom governo: é um dos temas principais do *Polycraticus* de Giovanni di Salisbury (século XII) e sucessivamente dos mais conhecidos tratados de Bartolo de Sassoferrato (*Tractatus de regimine civitatis*, século XIV) e de Coluccio Salutati (*De tyranno*, fim do século XIV), com o qual se chega às vésperas da idade moderna. Nasce enfim, através do debate sobre o fundamento do poder posto em termos jurídicos, a idéia do contrato social e do contrato de sujeição, destinada a inspirar as doutrinas contratualistas que tanto peso teriam no debate sobre a origem e sobre o fundamento do Estado na idade moderna: doutrinas que o Oitocentos refutou mas que hoje tornaram-se novamente de grande utilidade, na medida em que servem para explicar a função mediadora dos grandes conflitos sociais, própria do Estado contemporâneo, mais que as teorias orgânicas do Estado em nome das quais o contratualismo foi abandonado.

Quando nasceu o Estado?

Por outro lado, mesmo quem considera que o conceito de Estado e a correspondente teoria devem ser amplos o suficiente para abarcar ordenamentos diversos do Estado moderno e a ele precedentes — e portanto não tem nenhuma dificuldade de dissociar a origem do nome da origem da coisa —, não pode deixar de pôr-se o problema de saber se o Estado sempre existiu ou se é um fenômeno histórico que aparece num certo momento da evolução da humanidade. Uma tese recorrente percorre com extraordinária continuidade toda a história do pensamento político: o Estado, entendido como ordenamento político de uma comunidade, nasce da dissolução da comunidade primitiva fundada sobre os laços de parentesco e da formação de comunidades mais amplas derivadas da união de vários grupos familiares por razões de sobrevivência interna (o sustento) e externas (a defesa). Enquanto que para alguns historiadores contemporâneos, como já se afirmou, o nascimento do Estado assinala o início da era moderna, segundo esta mais antiga e mais comum interpretação o nascimento do Estado representa o ponto de passagem da idade primitiva, gradativamente diferenciada em selvagem e bárbara, à idade civil, onde "civil" está ao mesmo tempo para "cidadão" e "civilizado" (Adam Ferguson). Em toda a tradição jusnaturalista, o estado de natureza que precede ao estado civil é representado indiferentemente como um estado de isolamento puramente hipotético ou como o estado em que teriam vivido os povos primitivos e vivem ainda os selvagens; em ambos os casos, como a condição na qual os homens vivem quando ainda não surgiu o Estado, não por acaso chamado, em antítese ao estado natural, de *societas civilis* (civil justamente como não natural e ao mesmo tempo como não selvagem). Para Vico, a primeira forma de Estado no sentido próprio da palavra é precedida pelo estado bestial (associal) e pelo estado das famílias, que é um estado social mas não ainda propriamente político, e nasce quando, em seguida à revolta dos "fâmulos", os chefes de família são obrigados a se unir e a dar vida à primeira forma de Estado, a república aristocrática.

Uma conhecida variante desta tese é a dos primeiros antropólogos, como Charles Morgan, aceita e divulgada por Engels, que a transplantou para a teoria marxiana do Estado como instrumento de dominação de classe. Também para Engels o Estado nasce da dissolução da sociedade gentílica fundada sobre o vínculo familiar, e o nascimento do Estado assinala a passagem da barbárie à civilização (onde civilização é empregada rousseaunianamente com uma conotação negativa). Diante de todas as interpretações precedentes sobre a origem do Estado e diante da própria teoria de Morgan, Engels distingue-se pela interpretação exclusivamente econômica que dá deste evento extraordinário que é a formação do Estado. É uma interpretação que traz à mente a reconstrução fantástica de Rousseau, que faz a sociedade civil surgir do ato daquele que antes dos demais cercou seus terrenos e disse "Isto é meu", ou seja, da instituição da propriedade privada. Para Engels, na comunidade primitiva, seja ela a *gens* dos Romanos ou as tribos dos Iroqueses, vigora o regime da propriedade coletiva. Com o nascimento da propriedade individual nasce a divisão do trabalho, com a divisão do trabalho a sociedade se divide em classes, na classe dos proprietários e na classe dos que nada têm, com a divisão da sociedade em classe nasce o poder político, o Estado, cuja função é essencialmente a de manter o domínio de uma classe sobre outra recorrendo inclusive à força, e assim a de impedir que a sociedade dividida em classes se transforme num estado de permanente anarquia.

De acordo e em continuidade com esta tradição de pensamento, o problema do surgimento do Estado nas sociedades primitivas é um dos grandes temas de debate da antropologia cultural: as sociedades primitivas conheceram e conhecem ordenamentos da convivência que podem ser chamados de Estado ou devem ser consideradas "sociedades sem Estado" ou, como foi dito com intenções polêmicas, "sociedades contra o Estado" (Clastres)? Mesmo este debate é em grande parte nominalista, na medida em que está condicionado pela multiplicidade de sentidos do termo "Estado". Uma saída aparente é aquela adotada sempre mais freqüentemente pelos antropólogos, que evitam falar de Estado, termo muito comprometido pelo uso que dele se faz para designar o Estado moderno, e falam bem mais de organização política ou de sistema político (assim faz a obra fundamental neste campo, a de Evans-Pritchard e Fortes [1940]). Trata-se de uma solução aparente porque não evita a obrigação de delimitar e definir o conceito de política, que não é menos ambíguo do que o de Estado, embora ofereça a vantagem de ter tradicionalmente e convencionalmente uma maior extensão (a *pólis* grega pode não entrar na definição de Estado mas seria impossível não fazê-la entrar na definição de ordenamento político). Na verdade, depende de uma convenção inicial a respeito do significado de termos como "política" e "Estado" a escolha entre estas duas afirmações: existem sociedades primitivas sem Estado na medida em que não têm uma organização política e existem sociedades primitivas que embora não sendo Estados têm uma organização política. Mais uma vez o que importa é a análise das semelhanças e das diferenças entre as diversas formas de organização social, como se passa de uma a outra, e quando é que se chega a uma formação que apresenta características tão diferenciais com respeito à precedente que nos induz a atribuir-lhe um nome diverso ou uma especificação diversa do mesmo nome. Para dar um exemplo: quando um estudioso distingue três tipos de sociedade sem Estado, e as chama de "sociedades com governo mínimo", "com governo difuso" e "com governo em expansão", não exclui que estas sociedades possam ser consideradas sociedades políticas, como o uso do termo *government* deixa entender (Lucy Mair). Neste ponto o problema se desloca: existem sociedades primitivas que não são sequer organizações políticas no sentido mais lato do termo? Para dar um outro exemplo: quem distingue sociedades acéfalas daquelas que têm um chefe, considera as primeiras como sociedades não políticas porque introduz como critério distintivo uma certa concentração de poder e a necessidade de uma direção na cúpula. Se ao contrário o Estado é, num primeiro tempo, identificado com a organização de um poder centralizado, mas depois se introduz uma ulterior distinção entre poder coativo, que se serve da força para fazer-se valer, e poder das palavras, dos gestos, dos símbolos, pode-se então sustentar que apenas as primeiras são sociedades políticas.

3. O Estado e o poder

Teorias do poder

Antes do aparecimento e do uso corrente do termo "Estado", o problema da distinção entre ordenamento político e Estado nem mesmo se pôs. Mas a identificação entre a esfera da política e a esfera do Estado continua bem além do aparecimento do termo "Estado". Da *Politica methodice digesta* de Johannes Althusius [1603] à *Política* de Heinrich von Treitschke [1874-96] e à *Política "in nuce"* de Croce [1925], o tratamento dos temas do Estado continua a aparecer sob o nome de "política", originariamente derivado daquela particular forma de ordenamento político que é a *pólis*. Nestes últimos anos, de resto, os estudiosos dos fenômenos políticos abandonaram o termo "Estado" para substituí-lo pelo mais compreensivo "sistema político". Entre as várias vantagens desta expressão está também a de ter um significado axiologicamente mais neutro do que o termo "Estado", o qual se ressente da deificação, de um lado, e da demonização, de outro, feitas respectivamente pelos conservadores e pelos revolucionários, dos ordenamentos com grande concentração de poder que a partir de Maquiavel foram sempre mais freqüentemente chamados com aquele nome.

Aquilo que "Estado" e "política" têm em comum (e é inclusive a razão da sua intercambiabilidade) é a referência ao fenômeno do poder. Do grego *Kratos*, "força", "potência", e *arché*, "autoridade" nascem os nomes das antigas formas de governo, "aristocracia", "democracia", "oclocracia", "monarquia", "oligarquia" e todas as palavras que gradativamente foram sendo forjadas para indicar formas de poder, "fisiocracia", "burocracia", "partidocracia", "poliarquia", "exarquia" etc. Não há teoria política que não parta de alguma maneira, direta ou indiretamente, de uma definição de "poder" e de uma análise do fenômeno do poder. Por longa tradição o Estado é definido como o portador da *summa potestas*; e a análise do Estado se resolve quase totalmente no estudo dos diversos poderes que competem ao soberano. A teoria do Estado apóia-se sobre a teoria dos três poderes (o legislativo, o executivo, o judiciário) e das relações entre eles. Para ir a um texto canônico dos nossos dias, *Poder e Sociedade* de Lasswell e Kaplan [1952], o processo político é ali definido como "a formação, a distribuição e o exercício do poder". Se a teoria do Estado pode ser considerada como uma parte da teoria política, a teoria política pode ser por sua vez considerada como uma parte da teoria do poder.

Na filosofia política o problema do poder foi apresentado sob três aspectos, à base dos quais podem-se distinguir as três teorias fundamentais do poder: a substancialista, a subjetivista e a relacional. Nas teorias substancialistas, o poder é concebido como uma coisa que se possui e se usa como um outro bem qualquer. Típica interpretação substancialista do poder é a de Hobbes, segundo a qual "o poder *de um homem*... consiste nos meios de que presentemente dispõe para obter qualquer visível bem futuro" [1651, trad. it. p. 82]. Que estes meios sejam dotes naturais, como a força e a inteligência, ou adquiridos, como a riqueza, não altera o significado precípuo do poder entendido como qualquer coisa que serve para alcançar aquilo que é o objeto do próprio desejo. Análoga é a conhecidíssima definição de Bertrand Russell [1938], segundo a qual o poder consiste na "produção dos efeitos desejados" e pode assumir enquanto tal três formas: poder físico e constritivo, que tem a sua expressão concreta mais visível no poder militar; poder psicológico à base de ameaças de punição ou de promessas de recompensas, em que consiste principalmente o domínio econômico; poder mental, que se exerce através da persuasão e da dissuasão e tem a sua forma elementar, presente em todas as sociedades, na educação. Típica interpretação subjetivista do poder é a exposta por Locke [1694, II, XXI], que por "poder" entende não a coisa que serve para alcançar o objetivo mas a capacidade do sujeito de obter certos efeitos, donde se diz que "o fogo tem o poder de fundir os metais" do mesmo modo que o soberano tem o poder de fazer as leis e, fazendo as leis, de influir sobre a conduta de seus súditos. Este modo de entender o poder é o adotado pelos juristas para definir o direito subjetivo: que um sujeito tenha um direito subjetivo significa que o ordenamento jurídico lhe atribuiu o poder de obter certos efeitos. Porém, a interpretação mais aceita no discurso político contemporâneo é a terceira, que se remete ao conceito relacional de poder e estabelece que por "poder" se deve entender uma relação entre dois sujeitos, dos quais o primeiro obtém do segundo um comportamento que, em caso contrário, não ocorreria. A mais conhecida e também a mais sintética das definições relacionais é a de Robert Dahl: "A influência [conceito mais amplo, no qual se insere o de poder] é uma relação entre atores, na qual um ator induz outros atores a agirem de um modo que, em caso contrário, não agiriam" [1963, trad. it. p. 68]. Enquanto relação entre dois sujeitos, o poder assim definido está estreitamente ligado ao conceito de liberdade; os dois conceitos podem então ser definidos um mediante a negação do outro: "O poder de A implica a não-liberdade de B", "A liberdade de A implica o não-poder de B".

As formas do poder e o poder político

Uma vez reduzido o conceito de Estado ao de política e o conceito de política ao de poder, o problema a ser resolvido torna-se o de diferenciar o poder político de todas as outras formas que pode assumir a relação de poder. A teoria política de todos os tempos dedicou-se a este tema com infinitas variações. A tipologia clássica, transmitida ao longo dos séculos, é a que se encontra na *Política* de Aristóteles, onde são distinguidos três tipos de poder com base no critério da esfera em que é exercido: o poder do pai sobre os filhos, do senhor sobre os escravos, do governante sobre os governados. Aristóteles acrescenta que os três tipos de poder também podem ser diferenciados com base no específico sujeito que se beneficia com o exercício do poder: o poder paterno é exercido no interesse dos filhos, o senhorial ou despótico no interesse do senhor, o político no interesse de quem governa e de quem é governado (donde as formas corruptas de regimento político, onde o governante, tornado tirano, governa apenas em seu próprio benefício). Esta tipologia teve relevo político porque serviu para propor dois esquemas de referência para definir as formas corruptas de governo: o governo paternalista ou patriarcal, no qual o soberano se comporta com os súditos como um pai e os súditos são tratados eternamente como menores de idade (a crítica mais célebre a esta forma de governo foi feita por Locke nos *Dois Tratados sobre o Governo* [1690], em polêmica com o *Patriarca* de Robert Filmer [1680], e foi retomada por Kant com a crítica do Estado eudemonológico que se preocupa com a felicidade de seus súditos ao invés de se limitar a garantir-lhes a liberdade); e o governo despótico, no qual o soberano trata os súditos como escravos e a estes não são reconhecidos direitos de qualquer espécie (esta forma de governo já foi claramente indicada por Aristóteles, que a considera adaptada aos povos naturalmente escravos como são os orientais, os bárbaros, que suportam o peso do poder opressivo sem se lamentar, e encontrará ainda pleno reconhecimento sempre referida aos povos orientais, em Montesquieu e em Hegel). A tripartição das formas de poder em paterno, despótico e civil é um dos *tópos* da teoria política clássica e moderna. Em suas obras políticas, e antes de tratar do poder civil, Hobbes trata do governo familiar e do governo patronal. Locke inicia o segundo *Tratado* exprimindo o propósito de descobrir em que é que o poder do pai sobre os filhos, do capitão de uma galera sobre os galeotes (que é a forma moderna da escravidão), diferenciam-se do governo civil. Porém, o tratamento de Locke distingue-se do de Aristóteles pelo diverso critério de distinção, que diz respeito ao diverso fundamento dos três poderes, hoje se diria ao diverso princípio de legitimidade: o poder do pai é um poder cujo fundamento é natural na medida em que nasce da própria geração; o senhorial é o efeito do direito de punir quem se tornou culpado de um grave delito e é, portanto, passível de uma pena igualmente grave como é a escravidão; o poder civil, sozinho entre todas as demais formas de poder, está fundado sobre o consenso expresso ou tácito daqueles aos quais é destinado. Como se pode ver, trata-se das três formas clássicas do fundamento de toda obrigação: *ex natura, ex delicto, ex contractu*.

Esta repartição clássica, não obstante a sua fortuna, não permite distinguir o poder político das outras formas de poder. Os dois critérios — o aristotélico, fundado sobre o interesse, e o lockeano, fundado sobre o princípio da legitimidade — são critérios não analíticos mas axiológicos, na medida em que servem para diferenciar o poder político como deveria ser e não como é, as formas boas das formas corruptas. Tanto é assim que seja Aristóteles seja Locke são obrigados a reconhecer que existem governos nos quais o poder é exercido nas outras duas formas. Uma teoria realista do poder político como forma de poder distinta de qualquer outra forma de poder constitui-se através da elaboração, devida aos juristas medievais, do conceito de soberania ou *summa potestas*. Enquanto a sociedade antiga não conhece mais que uma sociedade perfeita, o Estado que abarca todas as demais sociedades menores, a sociedade medieval conhece duas delas, o Estado e a Igreja. A secular disputa sobre a preeminência de um ou de outra exige uma delimitação das duas esferas de competência e portanto de domínio, e conseqüentemente a determinação dos caracteres específicos das duas *potestates*. Torna-se *communis opinio* a distinção entre a *vis directiva*, que é prerrogativa da Igreja, e a *vis coactiva*, que é prerrogativa do Estado. Na contraposição à potestade espiritual e às suas pretensões, os defensores e os detentores da potestade temporal tendem a atribuir ao Estado o direito e o poder exclusivo de exercer a força física sobre um determinado território e com respeito aos habitantes deste território, deixando à Igreja o direito e o poder de ensinar a verdadeira religião e os preceitos da moral, de salvaguardar a doutrina dos erros, de dirigir as consciências para o alcance dos bens espirituais, acima de tudo a salvação da alma. O poder político vai-se assim identificando com o exercício da força e passa a ser definido como aquele poder que, para obter os efeitos desejados (retomando a definição hobbesiana), tem o direito de se servir da força, embora em última instância, como *extrema ratio*. Aqui, o critério de distinção entre poder político e poder religioso é novamente o meio empregado: o poder espiritual serve-se principalmente de meios psicológicos mesmo quando se serve da ameaça de penas ou da promessa de prêmios ultraterrenos; o poder político serve-se também da constrição física, como a que é exercida mediante as armas.

O uso da força física é a condição necessária para a definição do poder político, mas não a condição suficiente. Segundo a doutrina que se vai afirmando na grande controvérsia entre o Estado e a Igreja, o que diferencia o Estado da Igreja é o exercício da força. Mas uma outra controvérsia não menos decisiva para a definição do poder político é a que contrapõe os *regna* ao império universal, as *civitates* aos *regna*. Aqui o problema é diverso. Não é o do direito de usar a força mas o da exclusividade deste direito sobre um determinado território. Quem tem o direito exclusivo de usar a força sobre um determinado território é o soberano. Desde que a força é o meio mais resolutivo para exercer o domínio do homem sobre o homem, quem detém o uso deste meio com a exclusão de todos os demais dentro de certas fronteiras é quem tem, dentro destas fronteiras, a soberania entendida como *summa potestas*, como poder supremo: *summa* no sentido de *superiorem non recognoscens*, suprema no sentido de que não tem nenhum outro poder acima de si. Se o uso da força é a condição necessária do poder político, apenas o uso exclusivo deste poder lhe é também a condição suficiente. Fórmulas antecipadoras do conceito de soberania — que através dos escritores políticos da idade moderna torna-se o conceito fundamental para a definição do Estado — são a distinção entre as *civitates superiorem recognoscentes* e *superiorem non recognoscentes* dos juristas medievais que defendem a autonomia e portanto política das cidades, e o princípio *rex in regno suo imperator*, afirmado pelos legistas franceses que defendem a soberania do rei de França contra as pretensões do imperador.

O pensador considerado como o teórico da soberania (na realidade mais que o teórico, o notável expositor de um conceito que já traz em si uma longa e consolidada tradição), Jean Bodin, define o Estado como "um governo justo de muitas famílias e daquilo que lhes é comum, com poder soberano" e o poder soberano como "o poder absoluto e perpétuo" [1576, trad. it. pp. 345 ss.], onde "absoluto" significa que não está submetido a outras leis que não aquelas naturais e divinas, e "perpétuo" significa que consegue obter obediência contínua a seus comandos graças também ao uso exclusivo do poder coativo. O tema da exclusividade do uso da força como característica do poder político é o tema hobbesiano por excelência: a passagem do estado de natureza ao Estado é representada pela passagem de uma condição na qual cada um usa indiscriminadamente a própria força contra todos os demais a uma condição na qual o direito de usar a força cabe apenas ao soberano. A partir de Hobbes o poder político assume uma conotação que permanece constante até hoje. Quando, no escrito juvenil *A constituição da Alemanha* [1799-1802], Hegel lamenta que a Alemanha não é mais um Estado, admite que "uma multidão de homens pode dar-se o nome de Estado apenas se está unida pela defesa comum de tudo aquilo que é sua propriedade" [trad. it. p. 22], repetindo mais à frente: "Onde quer que uma multidão forme um estado, dela se exige que constitua um aparato militar comum e um poder estatal" [*ib.*, p. 23]. Com uma linguagem extraída da economia, Weber define o Estado como o detentor do monopólio da coação física legítima. Para Kelsen o Estado é um ordenamento coercitivo, em particular: "O estado é uma organização política porque é um ordenamento que regula o uso da força e porque monopoliza o uso da força" [1945, trad. it. p. 194]. Num dos manuais de ciência política mais difundidos nestes últimos anos pode-se ler: "Estamos de acordo com Max Weber de que a força física legítima é o fio condutor da ação do sistema político" [Almond e Powell 1966, trad. it. p. 55].

As três formas de poder

Do ponto de vista dos vários critérios que foram adotados para distinguir as várias formas de poder, a definição do poder político como o poder que está em condições de recorrer em última instância à força (e está em condições de fazê-lo porque dela detém o monopólio) é uma definição que se refere ao meio de que se serve o detentor do poder para obter os efeitos desejados. O critério do meio é o mais comumente usado inclusive porque permite uma tipologia ao mesmo tempo simples e iluminadora: a tipologia assim chamada dos três poderes — econômico, ideológico e político, ou seja, da riqueza, do saber e da força. O poder econômico é aquele que se vale da posse de certos bens, necessários ou percebidos como tais, numa situação de escassez, para induzir os que não os possuem a adotar uma certa conduta, consistente principalmente na execução de um trabalho útil. Na posse dos meios de produção reside uma enorme fonte de poder por parte daqueles que os possuem contra os que não os possuem, exatamente no sentido específico da capacidade de determinar o comportamento alheio. Em qualquer sociedade onde existem proprietários e não proprietários, o poder do proprietário deriva da possibilidade que a disposição exclusiva de um bem lhe dá de obter que o não proprietário (ou proprietário apenas da sua força-trabalho) trabalhe para ele e nas condições por ele estabelecidas. O poder ideológico é aquele que se vale da posse de certas formas de saber, doutrinas, conhecimentos, às vezes apenas de informações, ou de códigos de conduta, para exercer uma influência sobre o comportamento alheio e induzir os membros do grupo a realizar ou não realizar uma ação. Deste tipo de condicionamento deriva a importância social daqueles que sabem, sejam eles os sacerdotes nas sociedades tradicionais, ou os literatos, os cientistas, os técnicos, os assim chamados "intelectuais", nas sociedades secularizadas, porque através dos conhecimentos por eles difundidos ou dos valores por eles afirmados e inculcados realiza-se o processo de socialização do qual todo grupo social necessita para poder estar junto. O que têm em comum estas três formas de poder é que elas contribuem conjuntamente para instituir e para manter sociedades de desiguais divididas em fortes e fracos com base no poder político, em ricos e pobres com base no poder econômico, em sábios e ignorantes com base no poder ideológico. Genericamente, em superiores e inferiores.

Além do mais, definir o poder político como o poder cujo meio específico é a força serve para fazer entender porque é que ele sempre foi considerado como o sumo poder, isto é, o poder cuja posse distingue em toda sociedade o grupo dominante. De fato, o poder coativo é aquele de que todo grupo social necessita para defender-se dos ataques externos ou para impedir a própria desagregação interna. Nas relações entre os membros de um mesmo grupo social, não obstante o estado de subordinação que a expropriação dos meios de produção cria nos expropriados, não obstante a adesão passiva aos valores transmitidos por parte dos destinatários das mensagens emitidas pela classe dominante, apenas o emprego da força física serve para impedir a insubordinação e para domar toda forma de desobediência. Nas relações entre grupos sociais, não obstante a pressão que pode exercer a ameaça ou a execução de sanções econômicas para induzir o grupo adversário a desistir de um comportamento tido como nocivo ou ofensivo (nas relações entre grupos os condicionamentos de natureza ideológica contam menos), o instrumento decisivo para impor a própria vontade é o uso da força, isto é, a guerra.

Esta distinção entre três tipos principais de poderes sociais, embora expressa em formas diversas, é um dado quase constante nas teorias contemporâneas, nas quais o sistema social em seu conjunto aparece direta ou indiretamente articulado em três subsistemas: a organização das forças produtivas, a organização do consenso, a organização do poder coativo. Mesmo a teoria marxiana pode ser interpretada neste sentido: a base real compreende o sistema econômico, enquanto que a superestrutura, cindindo-se em dois momentos distintos, compreende o sistema ideológico e o sistema mais propriamente jurídico-político (do qual Marx, não se deve esquecer, surpreende sobretudo o aspecto repressivo, colocando pois em particular evidência o aparato da coação). Mais claramente tricotômico é o sistema gramsciano, onde o momento superestrutural é diferenciado em dois momentos, o momento da hegemonia ou do consenso — chamado de "sociedade civil" — e o momento do domínio ou da força (chamado de "Estado"). De resto, durante séculos os escritores políticos distinguiram o poder espiritual (que hoje se chamaria ideológico) do poder temporal, e sempre interpretaram o poder temporal como constituído pela conjunção do *dominium*, que é o poder sobre as coisas, constitutivo do poder econômico, com o *imperium*, que é o poder de comando sobre os homens, constitutivo do poder político em sentido estrito. Tanto na dicotomia tradicional quanto na marxiana podem ser encontradas as três formas de poder, desde que se interprete corretamente o segundo termo como composto de dois momentos, seja num caso seja no outro. A diferença essencial está no fato de que na teoria tradicional o poder principal é representado pelo poder ideológico no sentido de que o poder econômico-político é concebido como dependente do espiritual, enquanto que na teoria marxiana o poder principal é o econômico na medida em que as ideologias e as instituições políticas têm a função de garantir a persistência de determinadas relações de produção (ao menos até que a contradição, que explode num certo momento do desenvolvimento destas relações, produza a mudança). No início da idade moderna, é exemplar o *De Cive* de Hobbes [1642], dividido em três partes: *libertas, potestas, religio*, correspondentes respectivamente à esfera da liberdade natural, onde se desenrolam as relações de troca nas quais o poder político deve interferir o menos possível (há quem, como Macpherson, acreditou poder ver no estado de natureza hobbesiano uma prefiguração da sociedade de mercado), ao poder político, que detém as duas espadas da justiça e da guerra, e ao poder espiritual, ao qual cabe uma tarefa essencialmente de ensinamento. Em Hobbes, o poder por excelência é o poder político, o qual, legitimado por uma específica delegação de indivíduos isolados e aterrorizados, impelidos pela necessidade a sair do estado de natureza, controla tanto o poder espiritual quanto o econômico. Mesmo sob este aspecto Hobbes pode ser considerado como o primeiro e talvez o maior **teórico do**

Estado moderno, vale dizer, do Estado cuja formação é acompanhada pela persistente idéia do primado da política.

O primado da política

A diversa relação entre os três poderes e o diverso modo de dispô-los em ordem hierárquica estão entre os traços mais característicos das grandes correntes do pensamento político e da filosofia da história. O primado da política, que diferencia o pensamento político moderno, de Maquiavel a Hegel, opõe-se tanto ao primado do poder espiritual, que particulariza a idade medieval das grandes controvérsias entre Estado e Igreja, e ao qual a Igreja romana e as outras Igrejas jamais renunciaram, quanto ao primado do poder econômico, cuja descoberta coincide com o nascimento do mundo burguês e o início da reflexão sobre o modo de produção capitalista.

Estreitamente ligada à idéia do primado da política é a doutrina da razão de Estado que, não por acaso, nasce e se desenvolve ao lado da teoria do Estado moderno. Uma das formas com a qual se manifesta o primado da política é a independência do juízo político com respeito ao juízo moral, ou mesmo a superioridade do primeiro sobre o segundo: que exista uma razão do Estado diversa da razão dos indivíduos quer dizer que o Estado, e mais concretamente o homem político, é livre para perseguir os próprios objetivos sem ser obrigado a levar em consideração os preceitos morais que condicionam o indivíduo singular nas relações com os outros indivíduos. À concepção do primado do espiritual corresponde a doutrina da completa subordinação da ação política às leis da moral, que são no fundo os preceitos da religião dominante: subordinação esta que se reflete na figura do príncipe cristão. À concepção do primado da política corresponde, ao contrário, a doutrina da necessária imoralidade ou amoralidade da ação política que deve visar ao próprio fim, a *salus rei publicae*, sem sentir-se vinculada ou embaraçada por contemporizações de outra natureza: primado que se reflete na figura do príncipe maquiavélico, com relação ao qual os meios empregados para vencer e conquistar o Estado são sempre, sejam eles quais forem, "julgados honrosos e por todos louvados" [1513, ed. 1977 p. 88]. Na *Filosofia do Direito* de Hegel — que conclui a teoria do Estado moderno inaugurada pela filosofia do direito de Hobbes —, o momento último do Espírito objetivo, que cobre o território tradicional da filosofia prática, não é a moral mas a eticidade, da qual a figura suprema é o Estado. Enfrentando o tema clássico da distinção entre moral e política, isto é, da razão de Estado, Hegel exprime com a máxima força a idéia do primado da segunda sobre a primeira, numa passagem que pode ser perfeitamente considerada como a quintessência desta idéia e que contém o argumento principal para a sua justificação: "O bem de um Estado tem um direito completamente diverso do bem do singular", pois o Estado, que é a "substância ética", "tem a sua existência, isto é, o seu direito, imediatamente numa existência não abstrata mas concreta ... e apenas esta existência concreta, não uma das muitas proposições gerais, tomadas por preceitos morais, pode ser princípio do seu agir e do seu comportamento" [1821, trad. it. p. 286]. O que quer dizer esta passagem? Quer dizer que o princípio da ação do Estado deve ser procurado na sua própria necessidade de existir, de uma existência que é a própria condição de existência (não só da existência mas também da liberdade e do bem-estar) dos indivíduos. Prova disso é que o tribunal que julga as ações do Estado não é nem o externo — instituído pelo próprio Estado para julgar as ações dos súditos — nem aquele que cada indivíduo erige no próprio interior para diante dele responder à própria consciência ou a Deus, mas é o tribunal da história universal, cujos sujeitos não são os indivíduos mas justamente os Estados.

4. O fundamento do poder

O problema da legitimidade

Com respeito ao poder político pôs-se tradicionalmente não só o problema da sua definição e dos caracteres que o diferenciam das outras formas de poder, mas também o problema da sua justificação. O problema da justificação do poder nasce da pergunta: "Admitido que o poder político é o poder que dispõe do uso exclusivo da força num determinado grupo social, basta a força para fazê-lo aceito por aqueles sobre os quais se exerce, para induzir os seus destinatários a obedecê-lo?" Uma pergunta deste gênero pode ter e teve duas respostas, conforme seja interpretada como uma pergunta sobre o que é de fato o poder ou como uma pergunta sobre o que deve ser. Como acontece com freqüência no estudo dos problemas políticos, também estas duas respostas foram confundidas uma com a outra ou sobrepostas uma à outra, tanto que nem sempre é possível entender se quem se põe o problema da relação entre o poder e a força põe-se um problema de mera efetividade (no sentido de que um poder fundado apenas sobre a força não pode durar) ou também um problema de legitimidade (no sentido de que um poder fundado apenas sobre a força pode ser efetivo mas não pode ser considerado legítimo). De fato, uma coisa é sustentar que o poder político não pode ser apenas forte no sentido de que não é *possível*, outra coisa é que não pode ser apenas forte no sentido de que não é *lícito*. Do ponto de vista dos destinatários do poder, o mesmo problema foi posto como problema da obrigação política. Mas também o problema da obrigação política pode ser posto como análise das razões pelas quais se obedece aos comandos de quem detém um certo tipo de poder ou como determinação dos casos em que se deve obedecer e dos casos em que é lícita a desobediência ou a obediência passiva.

A filosofia política clássica — que, como se afirmou (pp. 55-56), considera seu dever pôr o problema do fundamento do poder — tendeu a negar que um poder apenas forte, independentemente do fato de estar em condições de durar, possa ser justificado. Daí a distinção não mais analítica mas axiológica entre poder legítimo e poder ilegítimo com base no argumento ritual: "Se se limita a fundar o poder exclusivamente sobre a força, como se faz para distinguir o poder político do poder de um bando de ladrões?"

Este problema foi posto de modo lapidar por Santo Agostinho na célebre passagem sobre a qual se debruçaram infinitos comentadores: "Sem a justiça, o que seriam de fato os reinos senão bandos de ladrões? E o que são os bandos de ladrões senão pequenos reinos?" Passagem seguida pela não menos célebre troca de farpas entre Alexandre e o pirata: "Tendo-lhe perguntado o rei por qual motivo infestava o mar, o pirata respondeu com audaciosa liberdade: 'Pelo mesmo motivo pelo qual infestas a terra; mas como eu o faço com um pequeno navio sou chamado de pirata, enquanto tu, por fazê-lo com uma grande frota, és chamado imperador'" [*De civitate Dei*, IV, 4, 1-15]. Dois dos mais famosos livros de teoria política, a *República* de Platão e o *Contrato Social* de Rousseau, começam com um debate sobre a relação entre justiça e força, no qual respectivamente Sócrates e Rousseau rejeitam a tese do "direito do mais forte". Também Rousseau recorre ao exemplo do bandoleiro: "Se um bandoleiro me ataca em meio a um bosque, não somente sou obrigado por força a dar-lhe a bolsa mas, mesmo quando pudesse escondê-la, estaria obrigado em consciência a dá-la? Porque, enfim, a pistola do bandoleiro também é um poder" [1762, trad. it. p. 14]. Quando Bodin precisa definir o Estado, o define como "o governo *justo* [em francês *droit*, em latim *legitimus*] que se exerce..." [1576, trad. it. p. 159]. O próprio Hobbes afirma que para a segurança dos súditos, que é o fim supremo do Estado, e portanto da instituição do poder político, é necessário que alguém, não importa se pessoa física ou assembléia, "detenha legitimamente no Estado o sumo poder" [1642, trad. it. p. 165]. De resto, exatamente à base desta atribuição de um caráter ético ou jurídico ao poder teve curso durante séculos a distinção entre poder político bom e poder político mau, entre rei e tirano (desde que "tirania" seja entendida na acepção não de malgoverno, como na antiguidade clássica, mas de usurpação de poder): uma distinção que traz conseqüências relevantes para o problema da obrigação política, tanto que o próprio Hobbes, teórico da obediência absoluta, afirma que o usurpador, isto é, o príncipe ilegítimo, deve ser tratado como um inimigo.

A recorrente consideração segundo a qual o supremo poder, que é o poder político, deva também ter uma justificação ética (ou, o que é o mesmo, um fundamento jurídico), deu lugar à vária formulação de princípios de legitimidade, isto é, dos vários modos com os quais se procurou dar, a quem detém o poder, uma razão de comandar, e a quem suporta o poder, uma razão de obedecer: aquilo que Gaetano Mosca chamou com uma expressão muito feliz de "fórmula política", explicando que "em todas as sociedades discretamente numerosas e que apenas chegaram a um certo grau de cultura, aconteceu que a classe política não justifica exclusivamente o seu poder somente com a posse de fato, mas procura dar a ele uma base moral e também legal, fazendo-o derivar como conseqüência necessária de doutrinas e crenças geralmente reconhecidas e aceitas na sociedade que ela dirige" [1896, ed. 1923 p. 108]. Mosca reconhecia exclusivamente duas fórmulas políticas, a que faz derivar o poder da autoridade de Deus e a que o faz derivar da autoridade do povo. Embora as considerasse meras ficções, acreditava que correspondessem a uma necessidade real, à necessidade de governar e de sentir-se governado "não apenas à base da força material e intelectual, mas também à base de um princípio moral" [*ib.*, p. 110].

Os vários princípios de legitimidade

Na realidade, os princípios de legitimidade sempre adotados ao longo da história não são apenas os dois indicados por Mosca. Sem nenhuma pretensão de esgotar o assunto, podem ser distinguidos ao menos seis deles, que se referem através de duplas antitéticas a três grandes princípios unificadores: a Vontade, a Natureza, a História. Os dois princípios de legitimidade que se referem a uma vontade superior são aqueles recordados por Mosca: os governantes recebem seu poder da vontade de Deus ou da vontade do povo. A fórmula clássica deste tipo de legitimação é a hobbesiana: "Não a razão, mas a autoridade faz a lei". Mas qual é a fonte última da autoridade? Numa concepção descendente do poder (concebida a estrutura de poder como uma pirâmide, o poder desce do vértice à base), a autoridade última é a vontade de Deus. Numa concepção ascendente (segundo a qual o poder sobe da base ao vértice), a autoridade última é a vontade do povo. Ficção por ficção, os dois princípios, na medida mesma em que são antitéticos, reforçam-se reciprocamente em algumas doutrinas: *vox populi vox Dei*. Às doutrinas voluntaristas opuseram-se sempre as doutrinas naturalistas, que deram origem às várias formas de direito natural. Também estas se apresentaram em duas versões aparentemente antitéticas: a natureza como força originária, *krátos*, segundo a prevalente concepção clássica do poder, e a natureza como ordem racional pela qual a lei da natureza se identifica com a lei da razão segundo a prevalente interpretação do jusnaturalismo moderno. Remeter-se à natureza para fundar o poder significa, na primeira versão, que o direito de comandar de uns e o dever de obedecer dos outros derivam do fato inelutável de que existem naturalmente, e portanto independentemente da vontade humana, fortes e fracos, sábios e ignorantes, ou seja, indivíduos e mesmo povos inteiros aptos a comandar e indivíduos e povos capazes apenas de obedecer. Remeter-se à natureza como ordem racional significa, ao contrário, fundar o poder sobre a capacidade do soberano de identificar e aplicar as leis naturais que são as leis da razão. Para Locke, o principal dever do governo é o de tornar possível, mediante o exercício do poder coativo, a observância das leis naturais que, para serem respeitadas, não teriam necessidade de nenhum governo caso os homens fossem todos seres racionais. Desde que os homens não são racionais, Locke precisa do consenso para fundar o Estado, mas o próprio consenso — ou seja, o acordo necessário para sair do estado de natureza e instituir o governo civil — é sempre um ato racional. Não há mais necessidade do consenso apenas onde é racional o próprio príncipe, que governa em conformidade com as leis da natureza a ele reveladas pelos competentes: neste ponto, o governo da natureza, a fisiocracia, substitui completamente o governo dos homens. Também o apelo à História tem duas dimensões, conforme a história de cuja autoridade se procura extrair a legitimação do poder seja a passada ou a futura. A referência à história passada institui como princípio de legitimação a força da tradição e está, portanto, na base das teorias tradicionalistas do poder, segundo as quais soberano legítimo é aquele que exerce o poder desde tempo imemorial. Também o poder de comandar pode ser adquirido, à base de um princípio geral de direito, à força do uso prolongado no tempo, tal como se adquire a propriedade ou qualquer outro direito. Nas suas *Reflexões sobre a Revolução em França* [1790], Edmund Burke enunciou a teoria da prescrição histórica que justifica o poder dos reis (donde não por acaso nascem as pretensões legitimistas dos soberanos privados do poder) contra as pretensões subversivas dos revolucionários. Enquanto a referência à história passada constitui um típico critério para a legitimação do poder constituído, a referência à história futura constitui um dos critérios para a legitimação do poder que se está constituindo. O novo ordenamento que o revolucionário tende a impor deslocando o antigo pode ser justificado na medida em que é representado como uma nova etapa do curso histórico, uma etapa necessária, inevitável e mais avançada axiologicamente do que a precedente. Um ordenamento que ainda não existe, que está *in fieri*, não pode encontrar a sua fonte de legitimação senão *post factum*. O conservador tem uma concepção estática da história: é bom aquilo que dura. O revolucionário, uma concepção dinâmica: é bom aquilo que muda em correspondência com o movimento, predeterminado e finalmente compreendido, do progresso histórico. Ambos pretendem estar na história (representam duas posições historicistas): mas o primeiro julga respeitá-la aceitando-a, o segundo antecipando-a (e talvez solicitando-a).

O debate sobre os critérios de legitimidade não tem apenas um valor doutrinal: ao problema da legitimidade está estreitamente ligado o problema da obrigação política, à base do princípio de que a obediência é devida apenas ao comando do poder legítimo. Onde acaba a obrigação de obedecer às leis (a obediência pode ser ativa ou apenas passiva) começa o direito de resistência (que pode ser, por sua vez, apenas passiva ou também ativa). O juízo sobre os limites da obediência e sobre a liceidade da resistência depende do critério de legitimidade que a cada vez é adotado. Um poder que à base de um critério é afirmado como legítimo pode ser considerado ilegítimo à base de um outro critério. Dos seis critérios acima elencados, alguns são mais favoráveis à manutenção do *status quo*, ou seja, estão *ex parte principis*, outros são mais favoráveis à mudança ou seja, estão *ex parte populi*. De uma parte, o princípio teocrático, o apelo à natureza como força originária, a tradição; de outra, o princípio democrático do consenso, o apelo à natureza ideal, o progresso histórico. Quem observar os movimentos de resistência, no sentido mais largo da palavra, do mundo de hoje, não tardará a dar-se conta da persistência destes critérios: contra um governo despótico, contra uma potência colonial ou imperialista, contra um sistema econômico ou político considerado injusto e opressivo, o direito de resistência ou de revolução é justificado ora através da referência à vontade popular vilipendiada, e portanto à necessidade de um novo contrato social, ora ao direito natural à autodeterminação que vale não apenas para os indivíduos mas também para os povos, ora à necessidade de abater aquilo que está condenado pela História e de se introduzir no sulco do devenir histórico, que procede inexoravelmente em direção a novas e mais justas formas de sociedade.

Legitimidade e efetividade

Com o advento do positivismo jurídico, o problema da legitimidade foi completamente subvertido. Enquanto segundo todas as teorias precedentes o poder deve estar sustentado por uma justificação ética para poder durar, e portanto a legitimidade é necessária para a efetividade, com as teorias positivistas abre caminho a tese de que apenas o poder efetivo é legítimo: efetivo no sentido do princípio da efetividade do direito internacional, segundo a qual, para falar com Kelsen, que dela foi um dos mais notáveis defensores, "uma autoridade de fato constituída é o governo legítimo, o ordenamento coercitivo imposto por esse governo é um ordenamento jurídico, e a comunidade constituída por tal ordenamento é um estado no sentido do direito internacional, na medida em que este ordenamento é em seu conjunto eficaz" [1945, trad. it. p. 123]. Deste ponto de vista, a legitimidade é um puro e simples estado de fato. O que não elimina que um ordenamento jurídico legítimo na medida em que eficaz e como tal reconhecido pelo ordenamento internacional possa ser submetido a juízos axiológicos de legitimidade, capazes de levar a uma gradual, mais ou menos rápida, inobservância das normas do ordenamento, e portanto a um processo de deslegitimação do sistema. Resta porém que com base no princípio da efetividade um ordenamento continua a ser legítimo até que a ineficácia avance ao ponto de tornar provável ou previsível a eficácia de um ordenamento alternativo.

No âmbito do positivismo jurídico, isto é, de uma concepção que considera como direito apenas o direito posto pelas autoridades delegadas para este fim pelo próprio ordenamento e tornado eficaz por outras autoridades previstas pelo próprio ordenamento, o tema da legitimidade tomou uma outra direção, não mais aquela dos critérios axiológicos mas a das razões da eficácia da qual deriva a legitimidade. Nesta direção põe-se a célebre teoria weberiana das três formas de poder legítimo. Weber pôs-se o problema não de elencar os vários modos com os quais toda classe política procurou a todo tempo justificar o próprio poder, mas de individuar e descrever as formas históricas do poder legítimo, uma vez definido o poder legítimo (*Herrschaft*) — distinto da mera força (*Macht*) — como o poder que consegue condicionar o comportamento dos membros de um grupo social emitindo comandos que são habitualmente obedecidos na medida em que o seu conteúdo é assumido como máxima para o agir. Os três tipos puros ou ideais de poder legítimo são, segundo Weber, o poder tradicional, o poder racional-legal, o poder carismático. Descrevendo estes três tipos de poder legítimo, Weber não pretende de fato apresentar fórmulas políticas no sentido que Mosca atribui à palavra, mas propõe-se a compreender quais são os diversos motivos pelos quais se forma, em determinadas sociedades, aquela relação estável e contínua de comando-obediência que diferencia o poder político. Os três tipos de poder representam três diversos tipos de motivações: no poder tradicional, o motivo da obediência (ou, o que é o mesmo, a razão pela qual o comando é obedecido) é a crença na sacralidade da pessoa do soberano, sacralidade essa que deriva da força daquilo que dura há tempo, daquilo que sempre existiu e, desde que sempre existiu, não conhece razões para ser alterado; no poder racional, o motivo da obediência deriva da crença na racionalidade do comportamento conforme à lei, isto é, a normas gerais e abstratas que instituem uma relação impessoal entre governante e governado; no poder carismático, deriva da crença nos dotes extraordinários do chefe. Em outras palavras, com a teoria dos três tipos de poder legítimo Weber desejou mostrar quais foram até agora na história os fundamentos reais, não os presumidos ou declarados, do poder político. O que não exclui que possa existir uma relação entre uns e outros. Tanto a tradição quanto a racionalidade do poder são ao mesmo tempo um motivo de obediência e um princípio de legitimação, e é difícil estabelecer onde começa um e termina o outro.

Nesta perspectiva, a partir da qual se privilegia não os critérios axiológicos mas o processo real de legitimação (e de deslegitimação) num dado contexto histórico, é que se coloca o debate recente sobre a teoria de Niklas Luhmann segundo a qual, nas sociedades complexas que concluíram o processo de positivização do direito, a legitimidade é o efeito não da referência a valores mas da aplicação de certos procedimentos (*Legitimität durch Verfahren*), instituídos para produzir decisões vinculatórias, tais como as eleições políticas, o procedimento legislativo e o procedimento judiciário. Onde os próprios sujeitos participam do procedimento, embora dentro dos limites das regras estabelecidas, a legitimidade configura-se como uma prestação do próprio sistema [1972, trad. it. p. 263].

5. Estado e direito

Os elementos constitutivos do Estado

Ao lado do problema do fundamento do poder, a doutrina clássica do Estado sempre se ocupou também do problema dos limites do poder, problema que geralmente é apresentado como problema das relações entre direito e poder (ou direito e Estado).

Desde quando do problema do Estado passaram a tomar conta os juristas, o Estado tem sido definido através de três elementos constitutivos: o povo, o território e a soberania (conceito jurídico por excelência, elaborado por legistas e universalmente aceito pelos escritores de direito público). Para citar uma definição corrente e autorizada, o Estado é "um ordenamento jurídico destinado a exercer o poder soberano sobre um dado território, ao qual estão necessariamente subordinados os sujeitos a ele pertencentes" [Mortati 1969, p. 23]. Na rigorosa redução que Kelsen faz do Estado a ordenamento jurídico, o poder soberano torna-se o poder de criar e aplicar direito (ou seja, normas vinculatórias) num território e para um povo, poder que recebe sua validade da norma fundamental e da capacidade de se fazer valer recorrendo inclusive, em última instância, à força, e portanto do fato de ser não apenas legítimo mas também eficaz (legitimidade e eficácia referenciam-se uma à outra); o território torna-se o limite de validade espacial do direito do Estado, no sentido de que as normas jurídicas emanadas do poder soberano valem apenas dentro de determinadas fronteiras; o povo torna-se o limite de validade pessoal do direito do Estado, no sentido de que as próprias normas jurídicas valem apenas, salvo casos excepcionais, para determinados sujeitos que, deste modo, passam a constituir os cidadãos do Estado. Definições deste gênero prescindem completamente do fim ou dos fins do Estado. Para Weber, "não é possível definir uma associação política — e nem mesmo o 'Estado' — indicando os fins do seu agir como associação. Não há nenhum fim que as associações políticas não se tenham alguma vez proposto, do esforço de garantir o sustento à proteção da arte; e não há nenhum que todas elas tenham perseguido, da garantia da segurança pessoal à determinação do direito" [1908-20, trad. it. I, pp. 53-54]. Com a terminologia de Kelsen, o Estado enquanto ordenamento coativo é uma técnica de organização social: enquanto tal, isto é, enquanto técnica, ou conjunto de meios para um objetivo, pode ser empregado para os fins mais diversos. Uma definição deste gênero encontra eco numa célebre passagem do *Espírito das leis*, em que Montesquieu, desejando exaltar a nação que tem por objetivo da sua constituição a liberdade política (a Inglaterra), acrescenta: "Embora todos os Estados possuam em geral o mesmo fim, que é o de se conservar, cada Estado é levado a desejar um em particular", dando em seguida alguns exemplos curiosos: "A expansão era o fim de Roma; a guerra, o dos espartanos; a religião, o das leis judaicas; o comércio, o de Marselha etc." [1748, trad. it. I, p. 274]. Definição formal e concepção instrumental do Estado alimentam-se reciprocamente.

Do ponto de vista de uma definição formal e instrumental, condição necessária e suficiente para que exista um Estado é que sobre um determinado território se tenha formado um poder em condição de tomar decisões e emanar os comandos correspondentes, vinculatórios para todos aqueles que vivem naquele território e efetivamente cumpridos pela grande maioria dos destinatários na maior parte dos casos em que a obediência é requisitada. Sejam quais forem as decisões. Isto não quer dizer que o poder estatal não tenha limites. Justamente Kelsen, além dos limites de validade espacial e pessoal que redefinem em termos jurídicos os dois elementos constitutivos do território e do povo, leva em consideração outras duas espécies de limites: os limites de validade temporal, pelo qual uma norma qualquer tem uma validade limitada no tempo que transcorre entre o momento da emanação (salvo se a ela se atribua efeito retroativo) e o momento da ab-rogação, e os limites de validade material na medida em que existem: *a*) matérias não passíveis de serem submetidas a uma regulamentação qualquer, donde o velho ditado de que o parlamento inglês pode fazer tudo menos transformar o homem em mulher (um exemplo, para dizer a verdade, hoje não mais apropriado), ou a afirmação de Spinoza [1670, cap. VI] de que mesmo o soberano que tenha o direito de fazer tudo o que queira não tem o poder de fazer com que uma mesa coma a erva; *b*) matérias que podem ser reconhecidas como indisponíveis pelo próprio ordenamento, como acontece em todos aqueles ordenamentos em que está garantida a proteção de alguns espaços de liberdade, representados pelos direitos civis, nos quais o poder estatal não pode intervir, ao ponto de uma norma que mesmo sendo validamente posta os violasse poder ser considerada como ilegítima por um procedimento previsto pela própria Constituição.

O governo das leis

Desde a antiguidade o problema da relação entre direito e poder foi apresentado com esta pergunta: "É melhor o governo das leis ou o governo dos homens?" Platão, distinguindo o bom governo do mau governo, diz: "onde a lei é súdita dos governantes e privada de autoridade, vejo pronta a ruína da cidade [do Estado]; e onde, ao contrário, a lei é senhora dos governantes e os governantes seus escravos, vejo a salvação da cidade e a acumulação nela de todos os bens que os deuses costumam dar às cidades" [*Leis,* 715*d*]. Aristóteles, iniciando o discurso sobre as diversas constituições monárquicas, põe-se o problema de saber se é "mais conveniente ser governado pelo melhor dos homens ou pelas leis melhores" [1286*a*, 9]. A favor da segunda extremidade enuncia uma máxima destinada a ter larga aceitação: "A lei não tem paixões, que ao contrário se encontram necessariamente em toda alma humana" [*ib.*, 20]. A supremacia da lei com respeito ao juízo dado caso por caso pelo governante (o *gubernator* platônico, que salva os companheiros nos piores momentos, "não escreve leis escritas, mas fornece como lei a sua arte" [*Político,* 297*a*]) repousa em sua generalidade e em sua constância, no fato de não estar submetida à mudança das paixões: este contraste entre as paixões dos homens e a frieza das leis conduzirá ao *tópos* não menos clássico da lei identificada com a voz da razão. Um dos eixos da doutrina política medieval é a subordinação do príncipe à lei, segundo o princípio enunciado de forma aforística por Bracton: *"Rex non debet esse sub homine, sed sub Deo et sub lege, quia lex facit regem"* [*De legibus et consuetudinibus Anglice,* I, 8. 5]. Na tradição jurídica inglesa o princípio da subordinação do rei à lei conduz à doutrina do *rule of law,* ou governo da lei, fundamento do Estado de direito entendido, na sua acepção mais restrita, como Estado cujos poderes são exercidos no âmbito de leis preestabelecidas. Para São Tomás, o *regimen politicum* distingue-se do *regimen regale* pelo fato de que enquanto este último caracteriza-se pela *plenaria potestas* do governante, o primeiro tem lugar *"quando ille qui praeest habet potestatem coarctatam secundum aliquas leges civitatis"* [*In octo libros Politicorum Aristotelis expositio,* I, 13].

Naturalmente, uma resposta deste gênero provoca uma questão de fundo: já que as leis são geralmente postas por quem detém o poder, de onde vêm as leis a que deveria obedecer o próprio governante? As respostas dadas pelos antigos a esta pergunta abriram duas estradas. A primeira: além das leis postas pelos governantes existem outras leis que não dependem da vontade dos governantes, e estas são ou as leis naturais, derivadas da própria natureza do homem vivendo em sociedade, ou as leis cuja força vinculatória deriva do fato de estarem radicadas numa tradição. Umas e outras são leis "não escritas" ou "leis comuns", como aquelas a que obedece Antígona ao violar o comando do tirano, ou aquelas a que obedece Sócrates quando se recusa a fugir da prisão para escapar do castigo. A segunda: no início de um bom ordenamento de leis existe o homem sábio, o grande legislador, que deu a seu povo uma constituição à qual os futuros dirigentes deverão escrupulosamente ater-se. Esta idéia do bom legislador que precede cronologicamente e mesmo axiologicamente aos dirigentes é exemplarmente representada pela lenda de Licurgo que, ordenado o Estado, anuncia ao povo reunido em assembléia que é obrigado a afastar-se de Esparta para interpelar o oráculo e recomenda que nada seja alterado nas leis por ele estabelecidas até que tenha retornado, e não retorna mais. Ambas as estradas foram percorridas ao longo de toda a história do pensamento político: os dirigentes que embora sendo os artífices das leis positivas são obrigados a respeitar leis superiores às leis positivas, como as leis naturais que na tradição do pensamento medieval são também as leis de Deus ("*Jus naturale est quod in lege et Evangelio continetur*", conforme o *Decretum Gratiani* [I, 1, in Migne, *Patrologia latina*, CLXXXVII, col. 29]), ou as leis do país, a *common law* dos legistas ingleses, que é considerada uma lei da razão, à qual os próprios soberanos estão submetidos. Quando a idéia do direito natural já está esgotada, Rousseau retoma o mito do grande legislador, do "homem extraordinário", cuja função é excepcional porque "nada tem em comum com a autoridade humana" e deve estabelecer as condições de um sábio e duradouro domínio [1762, trad. it. p. 57]. Todas as primeiras constituições escritas, tanto as americanas como as francesas, nascem sob o signo da missão histórica extraordinária de quem instaura, com um novo corpo de leis, o reino da razão, interpretando as leis da natureza e as transformando em lei positiva com uma constituição saída, de um só jato, da mente dos sábios.

Os limites internos

Esta idéia recorrente do governo das leis como superior ao governo dos homens pode parecer em contraste com o princípio segundo o qual o *princeps* é *legibus solutus*. Tal princípio, derivado de uma passagem de Ulpiano [*Digesto*, I, 3, 31], inspira e guia a conduta dos soberanos nas monarquias absolutas do continente europeu.

O princípio não quer dizer, como por razões polêmicas da parte dos escritores liberais posteriores, ou por erro, se acreditou, que o poder do príncipe não tenha limites: as leis a que se refere o princípio são as leis positivas, isto é, as leis postas pela própria vontade do soberano, o qual não está submetido às leis por ele próprio estabelecidas porque ninguém pode dar leis a si mesmo. Isto não exclui que esteja submetido enquanto homem, como todos os homens, às leis naturais e divinas. Assim Bodin: "Quanto ... às leis naturais e divinas, todos os príncipes da terra a elas estão submetidos, e não está em seu poder transgredi-las, se não desejam tornar-se culpados de lesa-majestade divina" [1576, trad. it. p. 361]. O próprio Bodin e outros fautores da monarquia absoluta vão além: o poder do príncipe é limitado não só pelas leis naturais e divinas mas também pelas leis fundamentais do reino, como por exemplo a lei que regula a sucessão do trono, que são leis transmitidas, leis consuetudinárias, e como tais positivas. O problema das leis fundamentais e da sua força vinculatória é um tema que aparece em todos os tratados dos juristas que se preocupam em fixar, com normas claras e precisas, os limites do poder do rei: são as normas daquela constituição não escrita que regula as relações entre governantes e governados. O rei que viola as leis naturais e divinas torna-se um tirano *ex parte exercitii;* o rei que viola as normas fundamentais é um usurpador, isto é, um tirano *ex defectu tituli*. Por fim, existe um terceiro limite que mais do que qualquer outro serve para distinguir a monarquia régia da monarquia despótica: o poder do rei não se estende ao ponto de invadir a esfera do direito privado (que é considerado um direito natural), salvo em casos de motivada e justificada necessidade. Em polêmica com a doutrina da comunhão dos bens proposta por Platão, Bodin afirma que "nada existe de público onde não existe nada de privado" e os Estados foram ordenados por Deus "com a finalidade de que aos Estados vá aquilo que é público e a cada um aquilo que é de sua privada propriedade" [*ib.*, p. 178].

De outra natureza é a disputa entre fautores da monarquia absoluta, como Bodin e Hobbes, e os fautores da monarquia limitada ou moderada ou temperada ou regulada, como os escritores ingleses que defendem a monarquia constitucional referindo-se ao modelo ideal do governo misto ou os escritores franceses que apóiam as resistências dos estamentos contra o processo de concentração e centralização de todo o poder estatal nas mãos do rei, interpretando também a monarquia francesa como governo misto. Para uns e para outros o poder do rei deve ser limitado não apenas pela existência de leis superiores que ninguém põe em discussão mas também pela existência de centros de poder legítimos de que são portadores as ordens ou os estados — o clero, a nobreza, as cidades —, com seus órgãos colegiados que pretendem ter direito de deliberação em determinadas matérias, como por exemplo a imposição fiscal. Trata-se de um limite que deriva da própria composição e organização da sociedade, e como tal, onde os estamentos são vitoriosos como na Inglaterra, é bem mais forte do que o limite posto, mas não imposto, pelas leis superiores. Por outro lado, mesmo onde a resistência das ordens é quebrada, como em França, que representa o protótipo dos Estados absolutos, e em geral nos grandes Estados (enquanto o Estado de estamentos sobrevive sobretudo nos pequenos Estados alemães), e o rei governa exclusivamente através de seus funcionários e comissários, o processo de transformação não se realiza plenamente e jamais consegue obscurecer o ideal da monarquia controlada pela presença dos corpos intermediários, que Montesquieu, com os olhos na Inglaterra, considera necessários também para o próprio país. Se o respeito às leis superiores serve para distinguir o reino da tirania, a presença dos corpos intermediários serve para distinguir a monarquia do despotismo. Não existe fautor do absolutismo que não saiba manter bem distinto o poder monárquico do poder tirânico, de um lado, e do poder despótico, de outro.

Uma ulterior fase do processo de limitação jurídica do poder político é a que se afirma na teoria e na prática da separação dos poderes. Enquanto a disputa entre estamentos e príncipe diz respeito ao processo de centralização do poder do qual nasceram os grandes Estados territoriais modernos, a disputa sobre a divisibilidade ou indivisibilidade do poder diz respeito ao processo paralelo de concentração das típicas funções que são de competência de quem detém o supremo poder num determinado território, o poder de fazer as leis, de fazê-las cumpridas e de julgar, com base nelas, o que é justo e o que é injusto. Embora os dois processos corram paralelamente, são mantidos bem diferenciados pois o primeiro tem a sua plena realização na divisão do poder legislativo entre rei e parlamento, como ocorre antes de todos os demais na história constitucional inglesa, e o segundo desemboca na separação e na recíproca independência dos três poderes — legislativo, executivo, judiciário —, que tem sua plena afirmação na constituição escrita dos Estados Unidos da América. Não é um acidente que, para além da célebre exposição da doutrina da separação dos poderes feita por Montesquieu ("Para que não se possa abusar do poder é preciso que, pela disposição das coisas, o poder freie o poder" [1748, trad. it. I, p. 274]), a mais límpida e completa exposição da doutrina se encontre em algumas cartas do *Federalista* atribuídas a Madison, onde se lê que "o concentrar ... de todos os poderes, legislativo, executivo e judiciário, nas mesmas mãos, sejam estas as mãos de muitos, de poucos ou de um, ... pode com bastante razão ser definido como a verdadeira ditadura" [Hamilton, Jay e Madison 1787-88, trad. it. p. 370]. Contrariamente a uma opinião corrente que os próprios autores do *Federalista* se propõem a refutar, separação dos poderes quer dizer não que os três poderes devam ser reciprocamente independentes, mas que se deve excluir que quem possua todos os poderes de um determinado setor possua também todos os poderes de um outro, de modo a subverter o princípio sobre o qual se baseia uma constituição democrática, e que portanto é necessária uma certa independência entre os três poderes para que a cada um seja garantido o controle constitucional dos demais.

A última luta pela limitação do poder político foi a que se combateu sobre o terreno dos direitos fundamentais do homem e do cidadão, a começar dos direitos pessoais, já enunciados na *Magna Charta* de Henrique III [1225] até os vários direitos de liberdade, de religião, de opinião política, de imprensa, de reunião e de associação, que constituem a matéria dos *Bill of Rights* dos Estados americanos e das Declarações dos direitos do homem e do cidadão emanadas durante a revolução francesa. Seja qual for o fundamento dos direitos do homem — Deus, a natureza, a história, o consenso das pessoas —, são eles considerados como direitos que o homem tem enquanto tal, independentemente de serem postos pelo poder político e que portanto o poder político deve não só respeitar mas também proteger. Segundo a terminologia kelseniana, eles constituem limites à validade material do Estado. Enquanto tais, são diferentes dos limites anteriormente considerados, pois não dizem respeito tanto à quantidade do poder mas à sua extensão. Apenas o seu pleno reconhecimento dá origem àquela forma de

Estado limitado por excelência que é o Estado liberal e a todas as formas sucessivas que, embora reconhecendo outros direitos fundamentais, como os direitos políticos e os direitos sociais, não diminuíram o respeito aos direitos de liberdade. Costuma-se chamar de "constitucionalismo" à teoria e à prática dos limites do poder: pois bem, o constitucionalismo encontra a sua plena expressão nas constituições que estabelecem limites não só formais mas também materiais ao poder político, bem representados pela barreira que os direitos fundamentais, uma vez reconhecidos e juridicamente protegidos, erguem contra a pretensão e a presunção do detentor do poder soberano de submeter à regulamentação todas as ações dos indivíduos ou dos grupos.

Os limites externos

Nenhum Estado está só. Todo Estado existe ao lado de outros Estados numa sociedade de Estados. Como as cidades gregas, assim são os Estados contemporâneos. Toda forma de convivência, mesmo aquela sem leis do estado de natureza, comporta limites à conduta de cada um dos conviventes: limites de fato, como os que cada indivíduo tem diante de todos os outros indivíduos no estado de natureza, onde cada um tem tanto direito quanto tem de poder (como afirma Spinoza [1670, cap. XVI]) mas ninguém, exceto Deus, é onipotente; ou limites jurídicos, como os que foram postos pelo direito que regula — desde tempos imemoriáveis — as relações entre Estados soberanos, ou *ius gentium,* limites que derivam de tradições tornadas vinculatórias (os costumes internacionais) ou de acordos recíprocos (os tratados internacionais). A soberania tem duas faces, uma voltada para o interior, outra para o exterior. Correspondentemente, vai ao encontro de dois tipos de limites: os que derivam das relações entre governantes e governados, e são os limites internos, e os que derivam das relações entre os Estados, e são os limites externos. Entre as duas espécies de limites existe uma certa correspondência, no sentido de que quanto mais um Estado é forte e portanto sem limites no interior, mais é forte e portanto com menores limites no exterior. Mas ao processo de unificação em relação ao interior corresponde um processo de emancipação em relação ao exterior. Quanto mais um Estado consegue vincular-se a seus súditos, mais consegue tornar-se independente dos outros Estados. Assim ocorreu na formação do Estado moderno: o processo de unificação dos poderes difusos e variavelmente em conflito entre si, que caracterizam a sociedade medieval, caminha no mesmo passo do processo de libertação do poder unificado das duas *summae potestates* tendencialmente universais, a Igreja e o Império. Na medida em que o poder se torna sempre mais ilimitado em direção ao interior, o que quer dizer unificador, torna-se também mais ilimitado em direção ao exterior, o que quer dizer independente. A fórmula enunciada pelos juristas franceses em favor das pretensões do rei de França no século XIII, *rex in regno suo imperator*, exprime bem o duplo processo: no momento em que o rei é imperador em seu reino, o imperador não é mais rei no reino de outros. Rei e imperador trocam suas partes: aquilo que o rei ganha o imperador perde (belo exemplo da teoria que considera o poder como uma relação de soma zero). O fim do império como potência, isto é, como verdadeiro e próprio Estado universal unificador, coincide com o renascimento do direito internacional: renascimento, não origem ou nascimento, como freqüentemente se afirmou, pois onde existiram mais poderes independentes ou auto-suficientes sempre se reconheceu a necessidade de um direito que regulasse as relações entre eles. Quando Pufendorf, que após Alberico Gentili e Ugo Grócio é um dos restauradores do direito internacional, põe-se o problema do "status imperii germanici", isto é, o problema de saber se o império germânico ainda é um Estado no sentido pleno da palavra, acaba por defini-lo como uma "res publica irregularis", com a intenção de afirmar que não é mais um Estado no sentido próprio da palavra — polemizando assim com os que o consideram como um verdadeiro Estado na forma peculiar do governo misto —, e é ao mesmo tempo algo diverso de uma simples confederação de Estados [1672, VII, 5, 15]. Cento e cinqüenta anos mais tarde, Hegel iniciará o seu escrito juvenil sobre a constituição da Alemanha com a melancólica constatação: "A Alemanha [entendendo o império alemão] não é mais um Estado" [1799-1802, trad. it. p. 12].

Ao processo de gradual dissolução do império a que corresponde a formação dos Estados territoriais e nacionais, contrapõem-se processos inversos de gradual unificação de pequenos Estados em uniões mais vastas que existem através da confederação, na qual cada Estado conserva a própria independência não obstante a união perpétua com os outros Estados (como em origem a Suíça), para alcançar pela primeira vez a formação nova e original do Estado federal com a constituição dos Estados Unidos da América (1787). Enquanto o processo de dissolução do império representa uma redução de poder em favor dos novos Estados, o processo de formação de um Estado maior a partir da união de Estados pequenos representa um reforço de poder do primeiro sobre os segundos: estes perdem em independência interna aquilo que ganham em força no exterior unindo-se a outros. Tudo isto tinha sido muito bem observado por Montesquieu — à cuja autoridade remetem-se os autores do *Federalista* —, quando escrevera o elogio da "república federativa", que, "capaz de resistir às potências estrangeiras, pode manter-se em sua grandeza sem se corromper internamente" [1748, trad. it. I, p. 238]. Somente através da união federativa a república, que durante séculos após o fim da república romana foi considerada uma forma de governo adequada aos pequenos Estados, pode tornar-se a forma de governo de um grande Estado como os Estados Unidos da América: fato que tinha sido compreendido por Mably ao fazer o elogio da república federal americana nas *Observações sobre o governo e as leis dos Estados Unidos da América* (1784). A força sugestiva da idéia federativa, isto é, do modelo de uma grande república que se vai formando através da agregação de pequenos Estados, é tamanha que torna plausível a idéia de uma república federativa universal que, abraçando todos os Estados existentes, torne de novo realizável o ideal universalista do império, embora com um processo invertido, não mais descendente de cima para baixo mas ascendente de baixo para cima. A república universal dos Estados confederados, proposta por Kant na sua *Paz perpétua* (*Zum ewigen Frieden*, 1796), representa uma verdadeira e própria alternativa, que se pode dizer democrática pela sua inspiração e por seus possíveis desenvolvimentos, à idéia medieval do império universal. Desenvolvimentos parciais desta república universal contraposta ao império universal foram a Sociedade das Nações após a primeira guerra mundial e a Organização das Nações Unidas após a segunda: mesmo na fórmula preferida "nações unidas", os Estados que concorreram para a formação da nova confederação universal revelaram em quais precedentes se tinham inspirado (as Províncias *unidas,* os Estados *unidos*).

Do ponto de vista das suas relações externas, a história dos Estados europeus (e agora não só europeus) é um contínuo processo de decomposição e recomposição, e portanto de vinculações e desvinculações de limites jurídicos. A formação de Estados independentes e nacionais do século passado a hoje, primeiro nos Estados Unidos da América, depois na América Latina, depois na Europa e finalmente nos países do Terceiro Mundo através do processo de descolonização, ocorre ora por decomposição de Estados maiores ora pela recomposição de Estados pequenos. Mas sempre a recomposição tende a reforçar os limites internos e a decomposição a afrouxar os limites externos. A tendência atual para a formação de Estados ou de constelações de Estados cada vez maiores (as assim chamadas super-potências) comporta um aumento dos limites externos dos Estados que são absorvidos na área maior (os Estados satélites) e uma diminuição dos limites externos do superestado. No caso em que se chegasse à formação do Estado universal, este teria apenas limites internos e não mais externos.

6. As formas de governo

Tipologias clássicas

Na teoria geral do Estado distinguem-se, embora nem sempre com uma clara linha demarcatória, as formas de governo dos tipos de Estado. Na tipologia das formas de governo, leva-se mais em conta a estrutura de poder e as relações entre os vários órgãos dos quais a constituição solicita o exercício do poder; na tipologia dos tipos de Estado, mais as relações de classe, a relação entre o sistema de poder e a sociedade subjacente, as ideologias e os fins, as características históricas e sociológicas.

As tipologias clássicas das formas de governo são três: a de Aristóteles, a de Maquiavel e a de Montesquieu. Remonta à *Política* de Aristóteles, em particular aos livros III e IV, a extraordinária fortuna da classificação das constituições com base no número dos governantes, em monarquia ou governo de um, aristocracia ou governo de poucos e democracia ou governo de muitos, com a anexa duplicação das formas corruptas, pelas quais a monarquia degenera em tirania, a aristocracia em oligarquia, a *politéia* (que é o nome que Aristóteles dá à forma boa do governo de muitos) em democracia. No *Príncipe*, Maquiavel as reduz a duas, monarquia e república, compreendendo no gênero das repúblicas tanto as aristocráticas quanto as democráticas, com base na consideração de que a diferença essencial passa entre o governo de um só, de uma pessoa física, e o governo de uma assembléia, de um corpo coletivo, sendo a diferença entre uma assembléia de otimates e uma assembléia popular menos relevante, porque ambas, à diferença da monarquia onde a vontade de um só é lei, devem adotar algumas regras, como a do princípio de maioria, para alcançar a formação da vontade coletiva. Montesquieu retorna a uma tricotomia, diversa porém da aristotélica: monarquia, república, despotismo. Diversa no sentido de que combina a distinção analítica de Maquiavel com a distinção axiológica tradicional, na medida em que define o despotismo como o governo de um só mas "sem lei nem freios", em outras palavras como a forma degenerada da monarquia. Além do mais, Montesquieu acrescenta um novo critério de distinção, o critério com base nos "princípios", isto é, com base nas diversas molas (*ressorts*) que induzem os sujeitos a obedecer: a honra nas monarquias, a *virtú* nas repúblicas, o medo no despotismo. Este critério faz pensar nas diversas formas de poder legítimo segundo Weber. Tal como Montesquieu (mas sem nenhuma influência direta), Weber individualiza os diversos tipos de poder distinguindo as diversas possíveis posturas dos governados diante dos governantes: a diferença entre um e outro está no fato de que Montesquieu se preocupa com o funcionamento da máquina do Estado, e Weber com a capacidade que têm os governantes e seus aparatos de obter obediência. A novidade da tipologia de Montesquieu com respeito às duas precedentes depende da introdução da categoria do despotismo, tornada necessária pela exigência de dar maior espaço ao mundo oriental, para o qual a categoria do despotismo havia sido forjada pelos antigos.

No Oitocentos, a tipologia de Montesquieu encontra uma particular fortuna. Ela é adotada por Hegel para o delineamento do curso histórico da humanidade, que teria passado por uma fase primitiva de despotismo correspondente ao nascimento dos grandes estados orientais, para atravessar a época das repúblicas (democráticas na Grécia, aristocráticas em Roma) e desembocar nas monarquias cristiano-germânicas que caracterizam a idade moderna. Não obstante as sucessivas correções e inovações, a tipologia tradicional não perdeu nada do seu prestígio, e é retomada inclusive nos tratados de direito público, senão como ponto de chegada ao menos como ponto de partida obrigatório de toda discussão sobre o tema (por exemplo na *Teoria da constituição* de Schmitt [1928]). A única inovação interessante é a introduzida por Kelsen, que, partindo da definição do Estado como ordenamento jurídico, critica como superficial a tipologia aristotélica fundada sobre um elemento extrínseco como o número, e portanto sustenta que a única maneira rigorosa de distinguir uma forma de governo de outra consiste em individualizar o diverso modo pelo qual uma constituição regula a produção do ordenamento jurídico. Estes modos não são três mas dois: o ordenamento jurídico pode ser criado (e continuamente modificado) ou a partir do alto ou a partir de baixo — do alto quando os destinatários das normas não participam da criação das mesmas, de baixo quando dela participam. Remetendo-se à distinção kantiana entre normas autônomas e heterônomas, Kelsen chama a primeira forma de produção de heterônoma, a segunda de autônoma. A estas duas formas de produção correspondem duas formas puras ou ideais de governo, a autocracia e a democracia. Vimos precedentemente como já Maquiavel havia reduzido a duas as formas clássicas de governo. Porém, a tipologia maquiaveliana resulta da unificação de aristocracia e democracia na forma da república, enquanto a kelseniana resulta da unificação da monarquia e da aristocracia na forma da autocracia. Naturalmente, Kelsen tem o cuidado de precisar que autocracia e democracia assim definidas são formas puras, e nenhum Estado existente corresponde perfeitamente às duas definições. A elas podem corresponder apenas expressões ideológicas de uma ou de outra: quando Hegel define o despotismo oriental como o regime no qual apenas um é livre (o déspota), dá uma correta definição da forma de governo autocrática no sentido kelseniano; assim corresponde perfeitamente à forma democrática a república rousseauniana na qual, através da formação da vontade geral, realiza-se o princípio do povo que dá leis a si mesmo.

Monarquia e república

A distinção que melhor resistiu ao tempo, chegando — embora cada vez mais extenuada — aos nossos dias, é a distinção maquiaveliana entre monarquia e república. Cada vez mais extenuada porque, com a queda da maior parte dos governos monárquicos após a primeira e a segunda guerra mundial, corresponde cada vez menos à realidade histórica. A tradicional relação entre monarquia e república foi completamente subvertida nos últimos cinqüenta anos: o grande Estado territorial moderno nasce, cresce e se consolida como Estado monárquico; é o *regnum* contraposto não à *res publica* mas à *civitas*. Os grandes escritores políticos que com suas reflexões contribuem para dar corpo a uma verdadeira e própria doutrina do Estado moderno são predominantemente fautores da monarquia, de Bodin a Hobbes, de Vico a Montesquieu, de Kant a Hegel. Em três escritores como Vico, Montesquieu e Hegel — que constroem a sua filosofia da história e a sua teoria do progresso sobre a passagem de uma forma de governo a outra —, a monarquia representa a forma de governo dos modernos, a república a dos antigos ou, na idade moderna, a forma de governo adequada apenas aos pequenos Estados. A primeira república que após a de Roma nasce sobre um vasto território, a república federal das treze colônias americanas, adota uma constituição que é concebida à imagem e semelhança de uma constituição monárquica, na qual o chefe de Estado não é hereditário mas eletivo. Também por uma outra razão, desta vez conceitual e não histórica, a distinção entre monarquia e república perde pouco a pouco qualquer relevância, e isso porque perde o seu significado originário. Originariamente, monarquia é o governo de um só, e república, no sentido maquiaveliano da palavra, é o governo de muitos, e mais precisamente de uma assembléia. Ora, na medida em que também nas monarquias, a começar da inglesa, o peso do poder se desloca do rei para o parlamento, a monarquia, tornada primeiro constitucional e depois parlamentar, transformou-se numa forma de governo bem diversa daquela para a qual a palavra foi cunhada e usada durante séculos: é uma forma mista, metade monarquia e metade república. Não por acaso Hegel vê na monarquia contitucional de seu tempo a nova encarnação do governo misto dos antigos (a este respeito cf. p. 112). Neste ponto, a distinção entre monarquia e república torna-se tão evanescente que nos tratados de direito constitucional que ainda a empregam custa-se a encontrar um convincente critério de distinção entre uma e outra. Quando Maquiavel escrevia que todos os Estados são ou principados ou repúblicas, fazia uma afirmação que correspondia perfeitamente à realidade do seu tempo e distinguia aquilo que era realmente diverso: a monarquia de França da república de Veneza. A mesma distinção repetida hoje constringe a realidade num esquema inadequado, senão mesmo deformante, porque distingue aquilo que não é facilmente distinguível: por exemplo, a monarquia inglesa da república italiana.

Uma vez que se foram sempre mais difundindo governos caracterizados pela distinção (senão justamente separação) entre poder de governo propriamente dito e poder legislativo, o único critério adequado de distinção tornou-se aquele que põe em evidência a diversa relação entre os dois poderes, independentemente do fato de que o titular de um deles seja um rei ou um presidente de república. Já Kant chama de forma republicana aquela em que vigora o princípio da separação dos poderes, mesmo se o titular do poder de governo é um monarca. De tal modo, "república" adquire um novo significado, que não é mais o de Estado em geral, e nem mesmo é mais o de governo de assembléia contraposto ao governo de um só, mas é o de uma forma de governo que tem uma certa estrutura interna, compatível inclusive com a existência de um rei. A diversa relação entre os dois poderes constituiu o critério para a distinção hoje corrente entre a forma de governo presidencial e a parlamentar: a primeira é aquela na qual vigora uma nítida separação entre poder de governo e poder de fazer as leis, separação fundada sobre a eleição direta do presidente da república, que também é o chefe do governo, e sobre a responsabilidade dos integrantes do governo perante o presidente da república e não perante o parlamento; a segunda é aquela na qual, mais que separação, existe um complexo jogo de poderes recíprocos entre governo e parlamento, fundado sobre a distinção entre chefe do Estado e chefe do governo, sobre a eleição indireta do chefe do Estado por parte do parlamento e sobre a responsabilidade do governo diante do parlamento, que se exprime através do voto de confiança ou de desconfiança. Entre estas duas formas puras existem muitas formas intermediárias: basta pensar na quinta república francesa, instaurada em 1958, república presidencial *sui generis*, que conservou a figura do presidente do conselho distinta da do presidente da república. Mas não é o caso de se reduzir a marcha para tentar descrevê-las detalhadamente, mesmo porque a distinção corrente entre governo presidencial e governo parlamentar — pelo fato de ser puramente formal, construída sobre os mecanismos com os quais deveria funcionar o sistema dos poderes constitucionais mais que sobre o seu efetivo funcionamento — foi pouco a pouco suplantada por tipologias mais atentas à análise rigorosa dos poderes reais mesmo que informais.

A maior quantidade de poder político real (mesmo que nem sempre formalmente reconhecido) é o que foi acumulado, nas democracias modernas e inclusive nos Estados não democráticos, pelos partidos políticos, por efeito seja do processo de democratização que tornou necessária a agregação das demandas provenientes da sociedade civil, seja da formação das sociedades de massa nas quais apenas os partidos, ou mesmo o partido único, conseguem exprimir uma vontade e uma diretiva políticas. Hoje, nenhuma tipologia das formas de governo pode deixar de levar em conta o sistema dos partidos, isto é, o modo pelo qual estão dispostas e colocadas as forças políticas em que repousa o governo. O sistema dos partidos influi sobre a constituição formal ao ponto mesmo de alterar-lhe a fisionomia. Já há tempo Duverger observou que o sistema dos partidos influi em particular sobre o regime da separação dos poderes. Um sistema bipartidário perfeito como o inglês, no qual existem apenas dois partidos com vocação majoritária que se alternam no governo e no qual, por costume, o líder do partido está destinado a se tornar o chefe do governo se o seu partido vence as eleições, aproxima a forma de governo parlamentar da forma presidencial, na medida em que o primeiro-ministro é eleito (indiretamente) pelos cidadãos, os quais, no momento mesmo em que escolhem o partido, escolhem também o primeiro-ministro. Um sistema monopartidário, seja qual for a sua constituição formal, dá origem a uma forma de governo na qual o máximo poder está concentrado no comitê dirigente do partido e em seu secretário, a despeito de todos os órgãos colegiados e populares previstos pela constituição, tanto que hoje a distinção tradicional entre despotismo e democracia passa entre sistema monopartidário e sistema não monopartidário (que pode ser, por sua vez, bi ou multipartidário). Diferenças existem também entre sistemas bipartidários e sistemas multipartidários, conforme o sistema multipartidário seja polarizado (isto é, com dois partidos extremos extra-sistema, à direita e à esquerda) ou não polarizado, quer dizer, com muitos partidos mas todos intra-sistêmicos. Mesmo aqui as variações são numerosas e não é possível (e seria talvez inútil nesta ocasião) dar conta de todas.

Para mostrar como ocorreu a superposição entre a distinção clássica das formas de governo e a distinção dos sistemas de partido, iremos nos limitar aqui a citar a tipologia proposta por um constitucionalista sensível à exigência de considerar os problemas do direito público de um modo não rigidamente formalista: governo parlamentar com bipartidarismo rígido, governo parlamentar com multipartidarismo moderado, governo parlamentar com multipartidarismo exasperado, governo presidencial [Elia 1970, p. 642], exemplificados respectivamente pelo governo parlamentar inglês, pelo das chamadas "pequenas democracias", excluída a Suíça (como as monarquias escandinava, belga e holandesa, a república austríaca), pela república italiana e pelo governo dos Estados Unidos da América. A Suíça fica isolada com a sua forma de governo diretorial, caracterizada pelo conselho federal que é eleito pelo parlamento mas não é responsável perante ele, composto por sete membros com mandatos de quatro anos e dos quais cada um é presidente, por turno, durante um ano.

Outras tipologias

Tomando como elemento discriminador não o partido mas a classe política — entendida, segundo Gaetano Mosca, como o conjunto das pessoas que detém efetivamente o poder político, ou, segundo a expressão introduzida e popularizada por Wright Mills, como a elite do poder —, pode-se ter novas tipologias, diversas tanto das tradicionais quanto das correntes no direito público. Uma vez admitido, como sustenta Mosca, que o governo em toda organização política pertença a uma minoria, as formas de governo não podem mais ser diferenciadas à base do velho critério do número dos governantes: deste ponto de vista, todos os governos são oligárquicos. Mas que todos os governos sejam oligárquicos não implica que não se possa distinguir um governo do outro. Ficando estabelecido o princípio da necessidade de uma classe política, as várias formas de governo podem-se distinguir à base da diferença com respeito seja à formação seja à organização da classe política. Com respeito à formação, Mosca distingue classes fechadas e abertas, com respeito à organização classes autocráticas (cujo poder vem do alto) e classes democráticas (cujo poder vem de baixo); da combinação entre as duas distinções resultam quatro formas de governo, aristocrático com respeito à formação e democrático com respeito à organização etc. À noção de elite do poder, ao contrário, refere-se a distinção introduzida por Schumpeter entre governos democráticos (nos quais existem muitas elites que concorrem entre si para chegar ao governo) e governos autocráticos, nos quais existe o monopólio do governo por parte de uma única elite.

Tomando como ponto de referência não mais a classe política mas o sistema político (cf. pp. 59-60) — entendido como o conjunto das relações de interdependência entre os diversos entes que em conjunto contribuem para desempenhar a função de mediação dos conflitos, de coesão do grupo e de defesa dos outros grupos —, pode-se construir outras tipologias: uma das mais conhecidas é a proposta por Almond e Powell, que distinguem os sistemas políticos à base de dois critérios, o da diferenciação dos papéis e o da autonomia dos subsistemas. Colocando as duas características numa escala que vá de baixo para cima, individualizam-se quatro tipos ideais de sistema político: *a*) com baixa diferenciação dos papéis e baixa autonomia dos subsistemas, como as sociedades primitivas; *b*) com baixa diferenciação dos papéis e alta autonomia dos subsistemas, como a sociedade feudal; *c*) com alta diferenciação dos papéis e baixa autonomia dos subsistemas, como as grandes monarquias nascidas da dissolução da sociedade feudal; *d*) com alta diferenciação dos papéis e alta autonomia dos subsistemas, como os Estados democráticos contemporâneos.

O governo misto

Nada mostra mais a vitalidade da tipologia tradicional do que a persistência da teoria do governo misto, segundo a qual a melhor forma de governo é a que resulta de uma combinação das três ou das duas (conforme a tipologia) formas de governo puras. Platão, nas *Leis*, após ter afirmado que monarquia e democracia são as mães de todas as outras formas de governo, acrescenta: "É obrigatório e necessário participar de ambas as duas se se quiser ter a liberdade e a concórdia inteligente" [693*d*]. Aristóteles menciona a opinião segundo a qual "a melhor constituição deve ser uma combinação de todas as constituições", e por isso é elogiada a de Esparta, pois nela a autoridade régia constituiria o elemento monárquico, a dos anciãos o elemento oligárquico e o eforado o elemento democrático, na medida em que os éforos provêm do povo [*Política*, 1265*b*, 35]. Quando expõe a própria teoria das formas de governo, descreve a *politia*, forma boa do governo popular, como "uma mescla de oligarquia e democracia" [1293*b*, 35]. A mais completa teoria do governo misto é a exposta por Políbio nas *Histórias*, na passagem onde o relato dos acontecimentos da segunda guerra púnica é interrompido por uma exposição da constituição romana, interpretada como o exemplo mais notável de governo misto, no qual os cônsules representam o princípio monárquico, o senado o oligárquico e os comícios do povo o democrático. A razão pela qual o governo misto é superior a todos os demais repousa, segundo Políbio, no fato de que "cada órgão pode obstaculizar os outros ou com eles colaborar" e "nenhuma das partes excede a sua competência e ultrapassa a medida" [VI, 18]: uma razão que antecipa em séculos a célebre teoria do equilíbrio dos poderes (*balance of powers*), que será um dos argumentos principais dos fautores da monarquia constitucional em polêmica com os defensores da monarquia absoluta. Também Cícero, no *De re publica* [I, 29, 45], sustenta que superior a todas é a forma de governo *moderatum et permixtum* de todas as três formas melhores de constituição. Na idade moderna, a doutrina do governo misto serve para magnificar a excelência da constituição inglesa contra a monarquia francesa e em geral todo governo a que se quer exaltar: governo misto é sempre a república de Veneza ou a república de Florença para quem propõe ou uma ou outra como forma ideal de governo ou ao menos como forma a ser imitada acima de qualquer outra.

Teóricos do absolutismo, isto é, de um Estado que não conhece nem reconhece entes intermediários, como Bodin e Hobbes, criticam a doutrina do governo misto pela mesma razão com que os fautores a sustentam: a distribuição do poder soberano por órgãos diversos e distintos tem por efeito o pior dos inconvenientes que podem levar um Estado à ruína — a instabilidade, precisamente aquela instabilidade que Políbio considerava característica comum das formas puras, destinadas a se interpenetrarem continuamente uma na outra, e que apenas a combinação das três formas seria capaz de interromper.

Através da idealização que Montesquieu faz da monarquia inglesa, na qual vê realizado o princípio da separação dos poderes, embora com uma transposição do significado genuíno da doutrina, na medida em que uma coisa é a mistura das três formas de governo e outra a separação dos três poderes, a monarquia constitucional passa a ser interpretada como forma mista e torna-se o modelo universal de Estado, após a revolução francesa, ao menos por um século. Significativo o fato de que Hegel, após ter relevado a insuficiência das três formas antigas para compreender a monarquia moderna, afirme que elas, já então, "estão rebaixadas a momentos da monarquia constitucional; o monarca é um; com o poder governativo intervém os poucos e com o poder legislativo se apresenta a maioria em geral" [1821, trad. it. p. 237]. Mesmo depois da primeira guerra mundial, um dos períodos de maior transformação constitucional que a história jamais conheceu, Carl Schmitt sustenta que as constituições do moderno Estado de direito burguês são constituições mistas, porque nelas estão sempre unidos e misturados diversos princípios e elementos (democracia, monarquia, aristocracia) e enquanto tais confirmam uma antiga tradição segundo a qual o ordenamento público ideal repousa sobre uma união e mistura (*Verbindung und Mischung*) dos diversos princípios políticos [1928, p. 202]. A teoria do governo misto ocupa um posto de relevo na obra de Gaetano Mosca, o qual, como conclusão da sua *História das doutrinas políticas* [1933], e assim confirmando a sua teoria das formas de governo, escreve que do estudo objetivo da história pode-se extrair que os regimes melhores — e por "regimes melhores" entende os que tiveram maior duração (mais uma vez faz-se o valor de uma constituição residir na estabilidade) — são os governos mistos, por "governos mistos" entendendo não só aqueles em que são temperados os diversos princípios mas também aqueles em que o poder religioso está separado do poder laico e o poder econômico está separado do poder político.

7. As formas de Estado

Formas históricas

Sendo muitos os elementos que se deve levar em conta para distinguir as formas de Estado, especialmente com referência ou às relações entre a organização política e a sociedade ou às diversas finalidades que o poder político organizado persegue nas diversas épocas históricas e nas diversas sociedades, as tipologias das formas de Estado são tão variadas e mutáveis que podem tornar incômoda, e talvez inútil, uma completa exposição delas. Para pôr um pouco de ordem numa matéria tão rica e controversa, podem-se distinguir as diversas formas de Estado à base de dois critérios principais, o histórico e o relativo à maior ou menor expansão do Estado em detrimento da sociedade (um critério que inclui também aquele fundado sobre as diversas ideologias).

À base do critério histórico, a tipologia mais corrente e mais acreditada junto aos historiadores das instituições é a que propõe a seguinte seqüência: Estado feudal, Estado estamental, Estado absoluto, Estado representativo. A configuração de um Estado de estamentos, interposto entre o Estado feudal e o Estado absoluto, data de Otto von Gierke e Max Weber, e após Weber foi retomada pelos historiadores das instituições sobretudo alemães. Nos *Elementos de ciência política,* de Mosca [1896], ainda estavam presentes os dois tipos ideais: de um lado o Estado feudal, caracterizado pelo exercício acumulativo das diversas funções diretivas por parte das mesmas pessoas e pela fragmentação do poder central em pequenos agregados sociais, e de outro lado o Estado burocrático, caracterizado pela progressiva concentração e pela simultânea (embora progressiva) especialização das funções de governo. Por "Estado estamental" (*Ständestaat*) entende-se a organização política na qual se foram formando órgãos colegiados, os *Stände* ou estados) que reúnem indivíduos possuidores da mesma posição social, precisamente os estamentos, e enquanto tais fruidores de direitos e privilégios que fazem valer contra o detentor do poder soberano através das assembléias deliberantes como os parlamentos. Deve-se a Otto Hinze a distinção entre Estados com duas assembléias, como a Inglaterra — a Câmara dos Lords, que compreende o clero e a nobreza, e a Câmara dos Comuns, que compreende o estamento burguês — e Estados de estamentos com três corpos distintos, respectivamente o clero, a nobreza e a burguesia, como a França. Mas a formação de instituições representando interesses de categoria, que atuam como contraponto do poder do príncipe, é comum a todos os Estados europeus. O contraste entre os estados e o príncipe, especialmente para estabelecer quem tem o direito de imposição fiscal, constitui grande parte da história e do desenvolvimento do Estado moderno na passagem do tipo extensivo ao tipo intensivo de condução política (ainda uma distinção de Hinze), entre o fim do medievo e o início da idade moderna. Mas mesmo onde o Estado estamental não se transforma diretamente em Estado parlamentar como na Inglaterra, ou não sobrevive até depois da revolução francesa como nos Estados alemães (dos quais a monarquia constitucional de Hegel é a idealização), à exceção da Prússia, nem sempre é fácil traçar uma nítida linha demarcatória entre Estado estamental e monarquia absoluta. Como já foi várias vezes observado, nenhuma monarquia torna-se tão absoluta ao ponto de suprimir toda forma de poder intermediário (o Estado absoluto não é um Estado total). A idéia de uma monarquia moderada tem longa vida. Os fautores de uma monarquia *reglée,* como Claude de Seyssel, no início do Quinhentos, são os representantes da idéia de uma monarquia controlada pelo poder das ordens, assim como na teoria das formas de governo proposta por Montesquieu a monarquia distingue-se do despotismo porque o poder monárquico é contrabalançado pelos corpos intermediários. Também para Hegel, enquanto o déspota exerce o próprio poder sem intermediários, "o monarca pode até mesmo não exercer imediatamente todo o poder governamental, mas confiar uma parte do exercício dos poderes particulares a colegiados ou mesmo a classes do reino" [1808-12, trad. it., pp. 51-52]. Como forma intermediária entre o Estado feudal e o Estado absoluto, o Estado estamental distingue-se do primeiro por uma gradual institucionalização dos contra-poderes e também pela transformação das relações de pessoa a pessoa, próprias do sistema feudal, em relações entre instituições: de um lado as assembléias de estamento, de outro o rei com o seu aparato de funcionários que, onde conseguem se afirmar, dão origem ao Estado burocrático característico da monarquia absoluta. Distingue-se do segundo pela presença de uma contraposição de poderes em contínuo conflito entre si, que o advento da monarquia absoluta tende a suprimir.

A formação do Estado absoluto ocorre através de um duplo processo paralelo de concentração e de centralização do poder num determinado território. Por concentração, entende-se aquele processo pelo qual os poderes através dos quais se exerce a soberania — o poder de ditar leis válidas para toda a coletividade (a tal ponto que os costumes são considerados direito válido apenas na medida em que, por uma ficção jurídica, presumem-se acolhidos ou tolerados pelo rei que não os cancelou expressamente), o poder jurisdicional, o poder de usar a força no interior e no exterior com exclusividade, enfim o poder de impor tributos, — são atribuídos de direito ao soberano pelos legistas e exercidos de fato pelo rei e pelos funcionários dele diretamente dependentes. Por centralização, entende-se o processo de eliminação ou de exaustoração de ordenamentos jurídicos inferiores, como as cidades, as corporações, as sociedades particulares, que apenas sobrevivem não mais como ordenamentos originários e autônomos mas como ordenamentos derivados de uma autorização ou da tolerância do poder central.

Num capítulo habitualmente desprezado do *Leviatã* de Hobbes
[1651, trad. it. pp. 219 ss.] dedicado às sociedades parciais, lê-se
que dos sistemas regulares os únicos absolutos e independentes,
isto é, sujeitos apenas a seus próprios representantes, são os Estados; todos os demais, das cidades às sociedades comerciais, são
dependentes (isto é, subordinados) do poder soberano e legítimos
apenas na medida em que por ele reconhecidos.

O Estado representativo

Com o advento do Estado representativo — sob a forma de
monarquia primeiro constitucional e depois parlamentar, na Inglaterra após a "grande rebelião", no resto da Europa após a revolução francesa, e sob a forma de república presidencial nos Estados
Unidos da América após a revolta das treze colônias contra a pátria-mãe —, tem início uma quarta fase da transformação do Estado,
que dura até agora. Enquanto na Inglaterra o Estado representativo
nasce quase sem solução de continuidade do Estado feudal e do
Estado estamental através da guerra civil e da "gloriosa revolução"
de 1688, na Europa continental nasce sobre as ruínas do absolutismo monárquico. Tal como o Estado de estamentos, também o
Estado representativo se afirma, ao menos num primeiro tempo,
como o resultado de um compromisso entre o poder do príncipe
(cujo princípio de legitimidade é a tradição) e o poder dos representantes do povo (por "povo" entendendo-se, ao menos num primeiro tempo, a classe burguesa), cujo princípio de legitimidade é
o consenso. A diferença do Estado representativo diante do Estado
estamental está no fato de que a representação por categorias ou
corporativa (hoje se diria representação de interesses) é substituída
pela representação dos indivíduos singulares (num primeiro tempo
apenas os proprietários), aos quais se reconhecem os direitos políticos. Entre o Estado estamental e o Estado absoluto de uma parte,
e o Estado representativo de outra, cujos sujeitos soberanos não
são mais nem o príncipe investido por Deus, nem o povo como
sujeito coletivo e indiferenciado, mera ficção jurídica que deriva
dos juristas romanos e medievais, há a descoberta e a afirmação
dos direitos naturais do indivíduo — direitos que cada indivíduo
tem por natureza e por lei e que, precisamente porque originários
e não adquiridos, cada indivíduo pode fazer valer contra o Estado
inclusive recorrendo ao remédio extremo da desobediência civil e

da resistência. O reconhecimento dos direitos do homem e do cidadão, primeiro apenas doutrinário através dos jusnaturalistas, depois também prático e político através das primeiras Declarações de direitos, representa a verdadeira revolução copernicana na história da evolução das relações entre governantes e governados: o Estado considerado não mais *ex parte principis* mas *ex parte populi*. O indivíduo vem antes do Estado. O indivíduo não é pelo Estado mas o Estado pelo indivíduo. As partes são anteriores ao todo e não o todo anterior às partes (como em Aristóteles e Hegel). O pressuposto ético da representação dos indivíduos considerados singularmente e não por grupos de interesse, é o reconhecimento da igualdade natural dos homens. Cada homem conta por si mesmo e não enquanto membro deste ou daquele grupo particular.

Que a igualdade natural dos homens seja o postulado ético da democracia representativa, pelos adversários chamada depreciativamente de atomística, não quer dizer que de fato os Estados representativos a tenham desde o início reconhecido. O desenvolvimento do Estado representativo coincide com as fases sucessivas do alargamento dos direitos políticos até o reconhecimento do sufrágio universal masculino e feminino. O qual porém, tornando necessária a constituição de partidos organizados, modificou profundamente a estrutura do Estado representativo, ao ponto de induzir uma profunda modificação no próprio sistema da representação, que não é mais dos indivíduos singulares mas é filtrada através de poderosas associações que organizam as eleições e recebem uma delegação em branco dos eleitores. Enquanto num sistema político representativo com sufrágio restrito são os indivíduos que elegem um indivíduo (especialmente em eleições realizadas com colégios uninominais) e os partidos se formam no interior do parlamento, no sistema político representativo com sufrágio universal os partidos se formam fora do parlamento e os eleitores escolhem um partido mais que uma pessoa (especialmente com o sistema proporcional). Esta alteração no sistema da representação induziu a transformação do Estado representativo em Estado de partidos, no qual, como no Estado de estamentos, os sujeitos políticos relevantes não são mais indivíduos singulares mas grupos organizados, embora organizados não à base de interesses de categoria ou corporativos mas de interesses de classe ou presumidamente gerais. Max Weber já havia notado que onde se defrontam grupos de interesse o procedimento normal para o alcance de decisões coletivas é o compromisso entre as partes e não a regra da maioria, que é a regra áurea para a formação de decisões coletivas em corpos constituídos por sujeitos considerados, de início, iguais. Weber tinha feito esta observação a propósito do Estado estamental. Hoje todos podem constatar o quanto esta observação também vale para os atuais sistemas partidários, nos quais as decisões coletivas são o fruto de tratativas e acordos entre os grupos que representam as forças sociais (os sindicatos) e as forças políticas (os partidos), mais que de votações em assembléia onde vigora a regra da maioria. Tais votações desenrolam-se, de fato, para cumprir o princípio constitucional segundo o qual no Estado representativo moderno os sujeitos politicamente relevantes são os indivíduos singulares e não os grupos (e onde os órgãos capazes de tomar deliberações vinculatórias para toda a coletividade são as assembléias, o procedimento para a formação de uma vontade coletiva é a regra da maioria); mas acabam por ter um valor puramente formal, posto que apenas ratificam decisões tomadas em outras instâncias através do procedimento da contratação.

Com base na teoria dos jogos, uma deliberação tomada por maioria é o efeito de um jogo cujo desfecho é a soma zero; uma deliberação tomada através de um acordo entre as partes é o efeito de um jogo cujo desfecho é a soma positiva. Com a primeira, aquilo que a maioria ganha a minoria perde; com a segunda, as duas partes ganham ambas alguma coisa (a partir do momento em que o compromisso é possível apenas quando os dois *partner*, após terem examinado todos os prós e todos os contras, estimam poder cada um obter alguma vantagem). Em nossas sociedades pluralistas constituídas por grandes grupos organizados em conflito entre si, o procedimento da contratação serve para manter em equilíbrio o sistema social mais do que a regra da maioria; esta última, dividindo os contendores em vencedores e vencidos, permite o reequilíbrio do sistema apenas onde é consentido à minoria tornar-se por sua vez maioria.

Os Estados socialistas

A última fase da seqüência histórica há pouco descrita não exaure certamente a fenomenologia das formas de Estado hoje existentes. Ao contrário, dela escapam — embora mais *de facto* que *de jure* — a maior parte dos Estados que hoje constituem a comunidade internacional. Mesmo as ditaduras militares, os Estados despóticos governados por chefes irresponsáveis, os Estados de recente formação dominados por oligarquias restritas não controladas democraticamente, todos prestam homenagem à democracia representativa, ou justificando o próprio poder como temporariamente necessário para restabelecer a ordem disturbada e superar um período transitório de anarquia, como um governo provisório em estado de emergência, e portanto não como rejeição do sistema democrático mas como sua suspensão *pro tempore* com previsão de um retorno à normalidade, ou como imperfeita aplicação dos princípios sancionados por constituições solenemente aprovadas, mas absorvidas com demasiada rapidez por classes dirigentes formadas no Ocidente e impostas a países sem tradições de autogoverno e de luta política regulada pelo reconhecimento dos direitos civis. O Estado representativo tal como se veio formando na Europa ao longo dos três últimos séculos é, ainda hoje, o modelo ideal das constituições escritas que se vieram afirmando nestes últimos decênios, inclusive onde de fato são suspensas ou mal aplicadas (de resto, a má aplicação de uma constituição não é um vício particular dos Estados do Terceiro Mundo).

Os Estados que escapam, inclusive em linha de princípio, da fase acima descrita, são os Estados socialistas, a começar do Estado-guia, a União Soviética. Mas não é fácil dizer qual é a forma de Estado que eles representam, sendo muito amplo o contraste entre os princípios constitucionais oficialmente proclamados e a realidade de fato, entre a constituição formal e a material. Não existe uma definição aceita em comum por juristas e politólogos a respeito da forma de Estado da União Soviética após a superação da fase da ditadura do proletariado, que seja como for era uma fórmula ao menos histórica e doutrinariamente relevante; tornou-se cada vez mais inaceitável a definição de república dos conselhos (ou soviets), que subsiste apenas na intitulação como recordação das origens (hoje já remotas).

Na falta de uma definição oficial, as caracterizações correntes são, na melhor das hipóteses, interpretações parciais e polêmicas, tentativas de individualizar o elemento ou os elementos predominantes. Delas podem ser indicadas algumas: seguindo a trilha da análise weberiana do processo de racionalização formal (nem sempre acompanhado do processo de racionalização material) que caracteriza o Estado moderno e tem por conseqüência o reforço do aparato burocrático despersonalizante e a transformação do Estado tradicional em Estado racional-legal, e acompanhando a previsão catastrófica do próprio Weber a respeito do inelutável advento de um Estado burocrático num universo completamente coletivizado, uma das interpretações mais comuns do Estado soviético — que nos anos do predomínio incontrastadó de Stálin pôde se valer da autorizada confirmação de Trótsky — é a que o considera um Estado burocrático dominado por uma oligarquia que se renova por cooptação.

Mas uma burocracia administra, não governa. A interpretação do Estado soviético como Estado burocrático deve ser integrada pela constatação de que, num universo de Estados de partidos que se vieram afirmando com a instituição do sufrágio universal e da sociedade de massa, a diferença essencial entre as democracias representativas e os Estados socialistas está no contraste entre sistemas multipartidários e sistemas monopartidários (de direito como na União Soviética, de fato como nas assim chamadas democracias populares). O domínio de um partido único reintroduz no sistema político o princípio monocrático dos governos monárquicos do passado e talvez constitua o verdadeiro elemento característico dos Estados socialistas de inspiração leninista direta ou indireta, em confronto com os sistemas poliárquicos das democracias ocidentais. O motor imóvel do sistema é o partido, este príncipe coletivo que é o detentor do poder político e do poder ideológico, e portanto não conhece nenhuma distinção entre *regnum* e *sacerdotium;* um soberano cuja legitimidade deriva do fato de se considerar como único intérprete autêntico da doutrina (um princípio de legitimidade curiosamente próprio das Igrejas e não dos Estados, não se incluindo de fato em nenhum daqueles de que se falou nas pp. 79-80).

A análise dos Estados com partido único onipresente e onipotente deu origem à figura do Estado total ou totalitário. Para além das razões polêmicas das quais nasceu a equiparação (historicamente incorreta) entre Estados fascistas e Estados comunistas, tal figura oferece a representação mais fiel de uma organização política na qual perdeu força uma nítida linha demarcatória entre Estado e Igreja de um lado (por "Igreja" entendendo-se a esfera não só da vida religiosa mas também da vida contemplativa no sentido clássico do termo e da vida espiritual no sentido moderno e laico), e entre Estado e sociedade civil de outro (por "sociedade civil" entendendo-se marxianamente a esfera das relações econômicas) — uma organização política, portanto, que estende o próprio controle sobre cada comportamento humano, não deixando nenhum interstício no interior do qual possa se desenvolver, a não ser ilicitamente, a iniciativa dos indivíduos e dos grupos. Enfim, não se deve esquecer a interpretação do Estado soviético como despotismo oriental (Wittfogel), fundada mais sobre uma reconstrução histórica do que sobre uma análise estrutural como a precedente. Recorde-se que por "despotismo" sempre se entendeu, ao menos a partir de Aristóteles, a forma de governo na qual o governante impera sobre seus súditos como o senhor sobre os escravos, ou com a expressão icástica de Maquiavel, o principado governado "por um príncipe, e todos os outros são servos", como na Turquia [1513, ed. 1977 p. 19].

Estado e não-Estado

A referência à categoria do Estado totalitário e a sua definição permitem que se passe a discorrer sobre o segundo critério de classificação das formas de Estado, ao qual se acenou nas pp. 113-6. No Estado totalitário toda a sociedade está resolvida no Estado, na organização do poder político que reúne em si o poder ideológico e o poder econômico. Não há espaço para o não-Estado. O Estado totalitário representa um caso-limite, já que o Estado na sua acepção mais larga, que compreende inclusive a *pólis* grega, viu-se sempre diante do não-Estado na dupla dimensão da esfera religiosa (no sentido mais amplo da palavra) e da esfera econômica. Mesmo no modelo ideal aristotélico, no qual o homem é animal político, a esfera econômica divide-se entre o governo da casa e a arte de enriquecer (*krematistika*) — que diz respeito às relações de troca —, e não pertence ao Estado; a vida contemplativa, que Aristóteles considera superior à vida ativa, pertence ao sábio. O Estado hobbesiano, embora subordinando a Igreja ao Estado e atribuindo-se o direito de proibir as teorias sediciosas, e assim arrogando-se o monopólio do poder ideológico, deixa a mais ampla liberdade econômica a seus súditos. Em sentido inverso, o Estado ético de Hegel — que com freqüência foi interpretado como um Estado-todo — é o momento final do Espírito objetivo, para além do qual existe o Espírito absoluto que compreende as mais altas expressões da vida espiritual, a arte, a religião, a filosofia. A presença do não-Estado, em uma das duas formas ou em ambas as duas, sempre constituiu um limite de fato e de princípio, na realidade objetiva e nas especulações dos escritores políticos, à expansão do Estado. Este limite varia de Estado a Estado; o ato de dar relevo a estas variações constitui pois um possível e mesmo útil critério de diferenciação das formas históricas de Estado. Não se confunda o limite que o Estado recebe da presença mais ou menos forte do não-Estado com os limites jurídicos do poder político aos quais foi dedicado o parágrafo 5; estes são limites *do* poder político, aqueles a que foram dedicados os dois parágrafos seguintes são limites *ao* poder político.

Com o advento do cristianismo, religião tendencialmente universal e que, como tal, ultrapassa as fronteiras dos Estados singulares, o problema das relações entre sociedade religiosa e sociedade política tornou-se um problema permanente da história européia. Enquanto no mundo clássico o não-Estado, sob a forma por exemplo da república universal dos estóicos, é um ideal de vida, não uma instituição, com a difusão do cristianismo o não-Estado torna-se uma instituição com a qual o Estado deve continuamente ajustar as contas, verdadeiro poder que afirma desde o início a própria supremacia sobre as potestades terrenas com o princípio *imperator intra ecclesiam, non supra ecclesiam* [Santo Ambrósio, *Sermo contra Auxentium*, 36]. Segundo a doutrina que passou à história como doutrina gelasiana (do papa Gelásio I): *"Duo sunt quibus principaliter mundus hic regitur: auctoritas sacrata pontificum et regalis potestas"* [*Epistulae*, XII, 2]. Mesmo a *potestas regalis* deriva da própria investidura de Deus (*nulla potestas nisi a Deo* [São Paulo, *Carta aos Romanos*, 13, 1]), mas o seu fim é deste mundo, é a paz na terra, tanto interna quanto externa, e como tal está subordinado ao fim da *auctoritas sacrata pontificum*, que é a pregação e a realização de uma doutrina da salvação. Cabe ao príncipe erradicar o mal e exterminar os heréticos, mas é privilégio da Igreja estabelecer o que é bom e o que é mau, quem é herético e quem não é.

Para o nosso objetivo, é interessante notar que numa doutrina do primado do não-Estado, o Estado se resolve na detenção e no exercício legítimo do poder coativo, de um poder meramente instrumental na medida em que presta serviços (indispensáveis mas, pela sua própria natureza, de grau inferior) a uma potência supraordenada. Esta observação é interessante porque a própria representação instrumental do Estado ocorre quando o não-Estado que avança as próprias pretensões de superioridade contra o Estado é a sociedade civil-burguesa. Na sociedade feudal, poder econômico e poder político são indissociáveis um do outro, e mais além, no Estado patrimonial, o *imperium* não pode subsistir sem uma forma qualquer de *dominium* (pelo menos o *dominium eminens*): uma confusão que permanece até quando um direito tão especificamente patrimonial como o da sucessão hereditária continue a valer não só para os bens mas também para a transmissão do poder político e de funções estatais. Com a formação da classe burguesa que luta contra os vínculos feudais e pela própria emancipação, a sociedade civil, como esfera das relações econômicas que obedecem a leis naturais superiores às leis positivas (segundo a doutrina fisiocrática), ou enquanto regulada por uma racionalidade espontânea (o mercado ou a mão invisível da Adam Smith), pretende destacar-se do abraço mortal do Estado, o poder econômico é claramente diferenciado do poder político e ao fim deste processo o não-Estado se afirma como superior ao Estado, tanto na doutrina dos economistas clássicos quanto na doutrina marxiana, embora com sinal axiológico oposto. A principal conseqüência do primado do não-Estado sobre o Estado é ainda uma vez uma concepção meramente instrumental do Estado, a sua redução ao elemento que o caracteriza, o poder coativo, cujo exercício a serviço dos detentores do poder econômico deveria ser o de garantir o autônomo desenvolvimento da sociedade civil, e o transforma num verdadeiro "braço secular" da classe economicamente dominante.

Estado máximo e mínimo

Estado cristão e Estado burguês são dois casos-limite. São duas representações do Estado, às quais nem sempre corresponde pontualmente a realidade, exprimindo o ponto de vista do não-Estado. Do ponto de vista do Estado, as relações com o não-Estado variam segundo a maior ou menor expansão do primeiro em direção ao segundo. Também sob este aspecto podem ser distinguidos dois tipos ideais: o Estado que assume tarefas que o não-Estado na sua pretensão de superioridade reivindica para si, e o Estado indiferente ou neutro.

Diante da esfera religiosa, estas duas posturas dão lugar às figuras do Estado confessional e do Estado laico; diante da esfera econômica, às figuras do Estado intervencionista — que assume várias formas históricas, das quais a mais persistente é a do *Wohlfahrt Staat* do Setecentos, ressurgindo no *welfare state* contemporâneo — e do Estado abstencionista. Tal como o Estado confessional — que assumindo uma determinada religião como religião de Estado, preocupa-se com o comportamento religioso dos próprios súditos e com este objetivo lhes controla os atos externos, as opiniões, os escritos, impedindo qualquer manifestação de dissenso e perseguindo os dissidentes —, assim também o Estado que não considera a si estranho o modo pelo qual se desenrolam em seu âmbito as relações econômicas assume como própria uma determinada doutrina econômica (o mercantilismo no Setecentos, o keynesianismo nos últimos cinqüenta anos), advoga para si o direito eminente de regular a produção dos bens ou a distribuição da riqueza, facilita certas atividades e obstaculiza outras, imprime uma direção ao conjunto da atividade econômica do país. Tanto o Estado confessional quanto o Estado intervencionista podem ser incluídos na figura setecentista do Estado eudemonológico, isto é, do Estado que se propõe como fim a felicidade dos seus próprios súditos, entendida a felicidade no sentido mais amplo como possibilidade de perseguir, mais do que o maior bem terreno, o bem ultraterreno que apenas a verdadeira religião pode assegurar. O Estado liberal, que se contrapõe polemicamente ao Estado eudemonológico, é ao mesmo tempo laico com respeito à esfera religiosa e abstencionista com respeito à esfera econômica (e não por acaso é freqüentemente designado com um termo da linguagem religiosa: "agnóstico"). Também é definido como Estado de direito (num dos vários significados desta expressão), não tendo fins externos que lhe provenham do não-Estado, não tendo outro fim senão o de garantir juridicamente o desenvolvimento o mais autônomo possível das duas esferas fronteiriças, ou seja, a mais larga expressão da liberdade religiosa e a mais larga expansão da liberdade econômica.

O processo de secularização, ou da emancipação do Estado dos cuidados para com os negócios religiosos, e o processo de liberalização, ou da emancipação do Estado dos cuidados para com os negócios econômicos, avançam a um mesmo passo na idade moderna. Ambos são o efeito de uma crise da concepção paternalista do poder e daquele movimento (o iluminismo) que Kant definiu como representando a saída do homem da menoridade. Ao Estado-providência contrapõe-se polêmica e enfaticamente o Estado-custódio (ou gendarme). Este duplo processo pode também ser descrito, da parte do Estado, como processo de desmonopolização do poder ideológico de um lado, e de desmonopolização do poder econômico de outro. Ao Estado resta, e restará até quando for um Estado, o monopólio da força através do qual deve ser assegurada a livre circulação das idéias (e portanto o fim de toda ortodoxia) e a livre circulação dos bens (e portanto o fim de toda forma de protecionismo). Na realidade, porém, este processo não foi assim tão linear como tinham acreditado os escritores liberais do século passado. O Estado confessional reapareceu sob a forma de Estado doutrinal, isto é, de Estado que tem uma doutrina sua (por exemplo, o marxismo-leninismo), à base da qual é reproposta a distinção entre ortodoxos e heréticos (ou "renegados", que é expressão típica da linguagem religiosa), para não falar dos Estados islâmicos, surgidos porém em países onde a secularização jamais ocorrera ou havia sido imposta à força; o Estado que assume a tarefa de dirigir a economia reapareceu sob a forma de Estado socialista e, embora de forma mais branda, com respeito apenas ao sistema distributivo e não também ao produtivo, no assim chamado *Sozialstaat*, ou Estado social ou Estado de justiça, promovido pelos partidos social-democráticos.

Para dizer a verdade, com relação a este último dão-se duas interpretações opostas, conforme sejam julgadas favoravelmente ou não as transformações ocorridas com respeito ao Estado liberal (liberista no interior e protecionista para o exterior): aquilo que os intérpretes benévolos chamam de Estado de justiça social — que corrigiu algumas das maiores deformações do Estado capitalista em benefício das classes menos favorecidas — é, para os críticos de esquerda que não renunciaram ao ideal do socialismo ou do comunismo, o "Estado do capital", o assim chamado *capitalistate*, o "capital que se fez Estado" (Habermas), ou com expressão menos recente mas continuamente retomada, o Estado do "capitalismo organizado" (Hilferding), um sistema de poder, em substância, do qual o sistema capitalista se serve para sobreviver e continuar a prosperar, como condição da sua própria "valorização" numa sociedade em que, através da democratização das estruturas de poder, a força do antagonista (o movimento operário) aumentou enormemente. A julgar pelo estado atual do debate, a crítica de esquerda teve por efeito não o início de uma mais profunda transformação do Estado, chamado depreciativamente de "assistencial", num Estado com maior conteúdo socialista, mas o despertar de nostalgias e esperanças neo-liberistas*.

8. O fim do Estado

A concepção positiva do Estado

É bem conhecida a tese de Engels segundo a qual o Estado, assim como teve uma origem, terá um fim, e acabará quando desaparecerem as causas que o produziram. Ao lado do problema da origem do Estado, também o problema do fim do Estado é um tema recorrente. Porém, é preciso antes de tudo distinguir o problema do fim do Estado do problema da crise do Estado de que tanto se fala nesses anos, com referência ou ao tema da crescente complexidade e à conseqüente ingovernabilidade das sociedades complexas, ou ao fenômeno do poder difuso, cada vez mais difícil de ser reconduzido à unidade decisional que caracterizou o Estado de seu nascimento a hoje. Por crise do Estado entende-se, da parte de escritores conservadores, crise do Estado democrático, que não consegue mais fazer frente às demandas provenientes da sociedade e por ele mesmo provocadas; da parte de escritores socialistas ou marxistas, crise do Estado capitalista, que não consegue mais dominar o poder dos grandes grupos de interesse em concorrência entre si. Crise do Estado quer portanto dizer, de uma parte e de outra, crise de um determinado tipo de Estado, não fim do Estado. Prova disso é que retornou à ordem do dia o tema de um novo "contrato social", através do qual dever-se-ia precisamente dar vida a uma nova força de Estado, diverso tanto do Estado capitalista ou Estado de injustiça, quanto do Estado socialista ou Estado de não-liberdade.

O tema do fim do Estado está estreitamente ligado ao juízo de valor positivo ou negativo que foi dado e continua a se dar a

---

* O termo italiano "liberista" (aqui traduzido literalmente) refere-se ao universo do liberalismo *econômico* e basicamente à restauração do livre-cambismo. (*N. do T.*)

respeito desta máxima concentração de poder possuidora do direito de vida e de morte sobre os indivíduos que nele confiam ou que a ele se submetem passivamente. Toda a história do pensamento político está atravessada pela contraposição entre concepção positiva e concepção negativa do Estado. A concepção negativa é um pressuposto necessário mas não suficiente do ideal do fim do Estado. Quem dá um juízo positivo a respeito do Estado — quem crê que o Estado é, se não o máximo bem, uma instituição favorável ao desenvolvimento das faculdades humanas, ao progresso civil, uma *civil society* no sentido setecentista do termo — será induzido a esperar não o fim do Estado, mas a gradual extensão das instituições estatais (*in primis*, do monopólio da força mesmo que controlado por organismos democráticos) até a formação do Estado universal. De fato, a utopia do Estado universal teve seus defensores tanto quanto a do fim do Estado.

Segundo uma tradição consolidada, a concepção positiva do Estado tem como arquétipo o *Eu zen* (o *bonum vivere*) de Aristóteles, retomado pela filosofia escolástica em seguida à tradução latina da *Política* (segunda metade do século XIII): a *polis* existe "para tornar possível uma vida feliz" [*Política*, 1252*b*, 30]. Mas culmina na concepção racional do Estado que vai de Hobbes, através de Spinoza e Rousseau, a Hegel: racional porque é dominada pela idéia de que fora do Estado existe o mundo das paixões desenfreadas ou dos interesses antagônicos e inconciliáveis, e de que apenas sob a proteção do Estado o homem pode realizar a própria vida de homem de razão. Naturalmente, à concepção positiva do Estado corresponde uma concepção negativa do não-Estado, da qual existem duas versões principais que se reforçam uma à outra: a versão do estado bestial, de Lucrécio a Vico, de um estado que se prolonga no estado selvagem dos povos primitivos, e a versão do estado de anarquia, entendida hobbesianamente como guerra de todos contra todos. As duas versões diferem nisto: para a primeira o não-Estado é uma fase superável, e de fato em muitas noções é dada como superada, da história humana; para a segunda, é um estado no qual o homem pode sempre recair, como acontece de fato quando explode uma guerra civil.

À concepção positiva do Estado vinculam-se as discussões sobre a república ótima, que pressupõem a convicção de que os Estados existentes são imperfeitos mas aperfeiçoáveis e que portanto o Estado, como força organizada de convivência civil, não deve ser destruído mas conduzido à plena realização de sua própria essência. Forma extrema do delineamento da república ótima são os esboços de repúblicas ideais, de repúblicas que não existiram e jamais existirão em lugar nenhum (ou que estão colocadas em lugares imaginários) e que são propostas como ideais-limites de um ordenamento perfeitamente racional, onde cada comportamento está rigorosamente previsto e é rigidamente regulado. Da *República* de Platão à *Cidade do Sol* de Tommaso Campanella, as repúblicas ideais são sempre modelos de superestatalização, de uma verdadeira hipertrofia das funções de regulamentação da vida civil, da qual teria nascido a necessidade da vida política, e são portanto representações inspiradas numa concepção altamente positiva do Estado (cuja contra-figura é a utopia negativa como a de Orwell, surgida como reação às prevaricações reais ou previsíveis do Estado-tudo).

O Estado como mal necessário

Existem duas concepções negativas do Estado, uma mais fraca e outra mais forte: o Estado como mal necessário e o Estado como mal não necessário. Apenas a segunda conduz à idéia do fim do Estado.

A concepção negativa do Estado como mal necessário apresentou-se por sua vez, na história do pensamento político, sob duas formas diversas, conforme o Estado tenha sido julgado do ponto de vista do primado do não-Estado-Igreja ou do não-Estado-sociedade civil.

Na primeira forma, característica do primitivo pensamento cristão, o Estado é necessário como *remedium peccati*, pois a massa é perversa e deve ser contida por meio do medo (o medo que para Montesquieu será o princípio do despotismo e para Robespierre, combinado com a *virtú*, o princípio do governo revolucionário): *"In gentibus principes, regesque electi sunt ut terrore suo populos a malo coercerent atque ad recte vivendum legibus subderent"* [Isidoro di Siviglia, *Sententiae*, III, 47, 1, in Migne, *Patrologia latina*, LXXXIII, col. 717]. Abandonada pelo pensamento escolástico, que por influência da doutrina clássica recupera a tese da função positiva do governo civil, a doutrina negativa do Estado é retomada por Lutero, com uma veemência que apenas será igualada pelas doutrinas que justificarão o terrorismo de Estado, na célebre carta aos príncipes cristãos *Sobre a autoridade secular* [1523], onde se lê que, sendo poucos os verdadeiros cristãos, "Deus impôs aos demais, além ... do reino de Deus, um outro regimento, e os colocou sob a espada, de tal modo que, mesmo que o fizessem de bom grado, não sejam capazes de exercer a sua perversidade e, onde o façam, não o façam sem temor, ou com serenidade e alegria; precisamente da mesma maneira como com laços e cadeias se amarra uma besta selvagem e feroz, para que não lhe seja possível morder ou agredir, mesmo que o fizesse prazerosamente" [trad. it. p. 403]. Para além de qualquer visão religiosa, a concepção negativa do Estado surge na corrente do pensamento político realista, fundado numa antropologia pessimista. De algumas célebres sentenças de Maquiavel derivou a imagem do "vulto demoníaco" do poder. Mas o nexo entre antropologia pessimista e concepção negativa do Estado não é necessário. Hobbes tem uma visão pessimista do homem, que abandonado a si mesmo é lobo para o outro homem; mas Leviathan é o monstro benéfico contraposto a Behemoth, o monstro maléfico da guerra civil.

Admitido o Estado como um mal, mas necessário, nenhuma destas doutrinas desemboca no ideal do fim do Estado. Melhor o Estado que a anarquia. Na visão cristã do mundo, além do Estado — melhor: acima do Estado — há a Igreja, que se serve do Estado para o bem e portanto dele necessita mesmo se o considera um instrumento imperfeito. A negatividade do Estado não está sem resgate na sua subordinação à Igreja (enquanto que na concepção realista do Estado não existe resgate senão na potência que é o fim último do príncipe). Por isto, mesmo em sua negatividade o Estado pode e deve continuar a sobreviver. *"Et licet peccatum humanae originis per baptismi gratiam cunctis fidelibus dimissum sit, tamen aequus deus ideo discrevit hominibus vitam, alios servos constituens, alios dominos, ut licentia male agendi servorum potestate dominantium restringatur"* [Isidoro di Siviglia, *Sententiae*, III, 47, 1, in Migne, *Patrologia latina*, LXXXIII, col. 717].

Quando a sociedade civil sob a forma de sociedade de livre mercado avança a pretensão de restringir os poderes do Estado ao mínimo necessário, o Estado como mal necessário assume a figura do Estado mínimo, figura que se torna o denominador comum de todas as maiores expressões do pensamento liberal. Para Adam Smith, o Estado deve se limitar a prover a defesa externa e a ordem interna, bem como a execução de trabalhos públicos. Ninguém mais incisivamente do que Thomas Paine expressou a exigência da qual nasce a idéia do Estado mínimo. Justamente no início de *Senso Comum* escreve: "A sociedade é produzida por nossas necessidades e o governo por nossa perversidade; a primeira promove a nossa felicidade *positivamente* mantendo juntos os nossos afetos, o segundo *negativamente* mantendo sob freio os nossos vícios. Uma encoraja as relações, o outro cria as distinções. A primeira protege, o segundo pune. A sociedade é sob qualquer condição uma dádiva; o governo, inclusive na sua melhor forma, nada mais é que um mal necessário, e na sua pior forma é insuportável" [1776, trad. it. p. 69]. De Wilhelm von Humboldt a Benjamin Constant, de John Stuart Mill a Herbert Spencer, a teoria de que o Estado, para ser um bom Estado, deve governar o menos possível domina durante todo o espaço de tempo em que a sociedade burguesa se expande e em que triunfam — na verdade, mais em teoria que na prática — as idéias do livre mercado interno e internacional (o livre-cambismo). Mas mesmo neste caso Estado mínimo não quer dizer sociedade sem Estado ou que começa a se tornar sem Estado. A teoria do Estado mínimo não coincide com nenhuma das formas que assume, no mesmo século, o anarquismo. Um livro que nestes últimos anos obteve grande sucesso — ao ponto de ser comparado a *Sobre a liberdade* de John Stuart Mill [1859] —, *Anarquia, Estado e Utopia,* de Robert Nozick [1974], propôs-se como objetivo principal a defesa do Estado mínimo tanto contra a negação anárquica do Estado quanto contra o Estado de justiça, em particular contra as teses também elas muito debatidas de John Rawls [1971], argumentando longa e sutilmente em favor da tese de que "o estado mínimo é o Estado mais vasto que se possa justificar" [Nozick 1974, trad. it. p. 290].

Uma variante da teoria do Estado mínimo, fronteiriça com a teoria do fim do Estado, é a doutrina anglo-saxã do *guild-socialism*, que elaborou uma verdadeira teoria do Estado pluralista, fundado na distinção entre descentralização funcional ou dos grupos e descentralização territorial, e na tese de que o Estado deve restringir a própria função à de supremo coordenador dos grupos funcionais, econômicos e culturais. Manifesto do pluralismo jurídico e social pode ser considerada *A declaração dos direitos sociais* de Georges Gurvitch [1944], que tem longínquas origens proudhonianas: o indivíduo deve ser levado em consideração não como ente abstrato mas como produtor, consumidor, cidadão; a cada atividade deve corresponder alguma associação funcional e o Estado enquanto ente suprafuncional deve ter tarefas de coordenação, não de domínio.

O Estado como mal não necessário

E se o Estado fosse um mal e além do mais não fosse necessário? A resposta afirmativa a esta pergunta deu vida às várias teorias do fim do Estado. É preciso admitir que em todas estas teorias o Estado é sempre entendido como o detentor do monopólio da força e, assim, como a potência que, única num determinado território, tem os meios para constringir os réprobos e os recalcitrantes, mesmo que recorrendo em última instância à coação. Portanto, fim do Estado quer dizer nascimento de uma sociedade que pode sobreviver e prosperar sem necessidade de um aparato de coerção. Vale dizer, que além do Estado mínimo que se libertou primeiro do monopólio do poder ideológico, permitindo a expressão das mais diversas crenças religiosas e opiniões políticas, depois do monopólio do poder econômico, permitindo a livre posse e a livre transmissão dos bens, existe como termo final da emancipação do não-Estado em relação ao Estado a sociedade sem Estado, que se libertou inclusive da necessidade do poder coativo. O ideal da sociedade sem Estado é um ideal universalista: a república dos sábios, sonhada pelos estóicos, que no entanto consideravam necessário o Estado para o vulgo, ou a vida monacal, que porém não rejeita, quando preciso, a proteção dos poderosos deste mundo, podem ser interpretadas como prefigurações de uma sociedade sem Estado, mas por si sós não comprovam a sua factibilidade.

A mais popular das teorias que sustentam a factibilidade ou mesmo o advento necessário de uma sociedade sem Estado é a marxiana (ou melhor, engelsiana), à base de um raciocínio que, reduzido aos mínimos termos, pode ser assim exposto: o Estado nasceu da divisão da sociedade em classes contrapostas por efeito da divisão do trabalho, com o objetivo de consentir o domínio da classe que está em cima sobre a classe que está embaixo; quando, em seguida à conquista do poder por parte da classe universal (a ditadura do proletariado), desaparecer a sociedade dividida em classes, desaparecerá também a necessidade do Estado. O Estado se extinguirá, morrerá de morte natural, pois não será mais necessário. Esta teoria é talvez a mais engenhosa das que defendem o ideal da sociedade sem Estado mas nem por isso é menos discutível: tanto a premissa maior do silogismo (o Estado é um instrumento de domínio de classe) quanto a premissa menor (a classe universal está destinada a destruir a sociedade de classes) não têm resistido àquele formidável argumento fornecido, como diria Hegel, pelas "duras réplicas da história".

A teoria marx-engelsiana do fim do Estado é certamente a mais popular mas não é a única. Sem qualquer pretensão de esgotar o assunto, podemos indicar ao menos outras três delas. Existe acima de tudo, antiga e sempre renascente, uma aspiração a uma sociedade sem Estado de origem religiosa, comum a muitas seitas heréticas cristãs que, pregando o retorno às fontes evangélicas, a uma religião da não violência e da fraternidade universal, refutam a obediência às leis do Estado, não lhe reconhecem as duas funções essenciais, a milícia e os tribunais, consideram que uma comunidade que vive em conformidade com os preceitos evangélicos não necessita das instituições políticas. No extremo oposto, o ideal do fim da sociedade política e da classe política que dela extrai uma abusiva vantagem foi pregado por uma concepção do Estado que hoje seria chamada de tecnocrática, como a exposta por Saint-Simon, segundo a qual na sociedade industrial — cujos protagonistas não são mais os guerreiros e os legistas mas os cientistas e os produtores — não haverá mais necessidade da "espada de César". Este ideal tecnocrático porém é acompanhado em Saint-Simon por uma forte inspiração religiosa (o *nouveau christianisme*), quase a sugerir a idéia de que este salto para fora da história que é a sociedade sem Estado não é pensável prescindindo-se de uma idéia messiânica. Ao mesmo tempo, o modelo tecnocrático exerceu uma forte influência inclusive sobre alguns teóricos do marxismo. Pense-se naquilo que foi definido como *le rêve mathématique* de Bukhárin, expresso tão claramente em algumas afirmações do *ABC do comunismo*, segundo o qual, ocorrida a revolução, "a direção central [no ordenamento social comunista] será confiada a vários escritórios de contabilidade e a escritórios de estatística" [Bukhárin e Preobrachensky, 1919, trad. it. p. 66].

Por fim, o ideal da sociedade sem Estado deu origem a uma verdadeira corrente de pensamento político e a vários movimentos correspondentes que, do fim do Setecentos até hoje, não cessaram de alimentar o debate político e de desenvolver ações conformes aos ideais propugnados: o anarquismo. Levando às últimas conseqüências o ideal da libertação do homem de toda forma de autoridade, religiosa, política e econômica, e vendo no Estado o máximo instrumento da opressão do homem sobre o homem, o anarquismo sonha uma sociedade sem Estado nem leis, fundada na espontânea e voluntária cooperação dos indivíduos associados, respectivamente livres uns com respeito aos outros, e iguais entre si. Embora diversificados — seja pelos pressupostos filosóficos, seja pela escolha dos meios (persuasão ou violência?), seja pelas reformas econômicas e políticas de que se fazem promotores —, os movimentos anarquistas representam o ideal sempre retornante de uma sociedade sem oprimidos e sem opressores. Mais que em convicções religiosas ou em pretensas teorias científicas, fundam-se numa concepção otimista do homem, diametralmente oposta à que invoca o Estado forte para domar a "besta selvagem".

IV.
Democracia e ditadura

1. A democracia na teoria das formas de governo

Da idade clássica a hoje o termo "democracia" foi sempre empregado para designar uma das formas de governo, ou melhor, um dos diversos modos com que pode ser exercido o poder político. Especificamente, designa a forma de governo na qual o poder político é exercido pelo povo. Na história do pensamento político, o posto em que se coloca a discussão a respeito da opinião, das características, das virtudes e dos defeitos da democracia é a teoria e a tipologia das formas de governo. Portanto, qualquer discurso sobre a democracia não pode prescindir de determinar as relações entre a democracia e as outras formas de governo, pois somente assim é possível individualizar o seu caráter específico. Em outras palavras, desde que o conceito de democracia pertence a um sistema de conceitos, que constitui a teoria das formas de governo, ele não pode ser compreendido em sua natureza específica senão em relação aos demais conceitos do sistema, dos quais delimita a extensão e é por eles delimitado. Considerar o conceito de democracia como parte de um sistema mais amplo de conceitos permite dividir o tratamento seguindo os diversos usos a que a teoria das formas de governo foi destinada, ao longo do tempo e segundo os diversos autores. Estes usos são os seguintes: descritivo (ou sistemático), prescritivo (ou axiológico) e histórico. Em seu uso descritivo ou sistemático, uma teoria das formas de governo resolve-se na classificação e portanto na tipologia das formas de governo que historicamente existiram, construída à base da determinação daquilo que as une e daquilo que as diferencia, numa operação não diversa da do botânico que classifica plantas ou do zoólogo que classifica animais. Em seu uso prescritivo ou axiológico, uma teoria das formas de governo comporta uma série de juízos de valor à base dos quais as várias constituições são não apenas alinhadas uma ao lado da outra mas dispostas conforme uma ordem de preferência, segundo a qual uma é julgada boa e a outra má, uma ótima e a outra péssima, uma melhor ou menos má do que a outra e assim por diante. Pode-se enfim falar de uso histórico de uma teoria das formas de governo quando dela nos servimos não só para classificar as várias constituições, não só para recomendar uma mais do que a outra, mas também para descrever os vários momentos sucessivos do desenvolvimento histórico considerado como uma passagem obrigatória de uma forma a outra. Quando o uso prescritivo e o uso histórico são ligados, como acontece com freqüência, a descrição das diversas fases históricas resolve-se numa teoria do progresso ou do regresso, conforme esteja a forma melhor no final ou no princípio do ciclo.

Partindo desta premissa, dedicaremos a primeira parte do capítulo à ilustração dos diversos modos com os quais a democracia foi colocada nas tipologias historicamente mais relevantes (§ 2), considerando em segundo lugar as diversas e opostas avaliações a que foi submetida, em diversos tempos e nos diversos autores (§ 3), dando enfim algumas indicações sobre o posto que a ela foi reservado em algumas das principais filosofias da história que assinalaram as etapas do movimento histórico à base da passagem de uma forma de governo a outra (§ 4). Supérfluo advertir que os três usos jamais estão completamente separados e que com freqüência a mesma tipologia os contém a todos os três entrelaçados: para dar um exemplo clássico, a célebre teoria das formas de governo contida no oitavo livro da *República* de Platão é uma descrição dos caracteres específicos das várias constituições que, ao mesmo tempo, as alinha em ordem hierárquica da melhor à pior, e é uma disposição em ordem hierárquica que ao mesmo tempo coincide com uma colocação cronológica, da mais antiga à mais recente.

Após esta primeira parte, na qual a democracia aparece como um elemento do sistema conceitual, a segunda será dedicada à análise da democracia nas suas diversas interpretações e realizações históricas: em particular às distinções entre democracia dos antigos e democracia dos modernos (§ 5), entre democracia representativa e direta (§ 6), entre democracia política e social (§ 7), entre democracia formal e substancial (§ 8). A estas várias formas de democracia serão comparadas, na terceira parte, as diversas interpretações da ditadura: em particular a ditadura dos antigos (§ 9), à qual se contrapõem a ditadura moderna (§ 10) e especialmente a ditadura revolucionária (§ 11).

2. O uso descritivo

Com respeito ao seu significado descritivo e segundo a tradição dos clássicos, a democracia é uma das três possíveis formas de governo na tipologia em que as várias formas de governo são classificadas com base no diverso número dos governantes. Em particular, é a forma de governo na qual o poder é exercido por todo o povo, ou pelo maior número, ou por muitos, e enquanto tal se distingue da monarquia e da aristocracia, nas quais o poder é exercido, respectivamente, por um ou por poucos. No *Político* de Platão, a célebre tripartição é assim introduzida: "A monarquia não é para nós uma das formas de poder político? — Sim. — E após a monarquia seria possível colocar, creio, o domínio de poucos. — Claro. — A terceira forma de constituição não é por acaso o poder da multidão e não foi ele chamado com o nome de 'democracia'?" [291*d*]. A distinção das formas de governo com base no número dos governantes é retomada por Aristóteles com estas palavras: "É necessário que o poder soberano seja exercido por um só, por poucos ou por muitos" [*Política*, 1279*a*]. À classificação com respeito ao número Aristóteles acrescenta a classificação com respeito ao diverso modo de governar, ou pelo bem comum ou para o próprio bem de quem governa, donde deriva a distinção não menos célebre entre formas boas e formas más. O termo "democracia" é reservado por Aristóteles à forma má, enquanto a forma boa é denominada com o termo genérico que significa constituição (*politéia*). No terceiro dos textos fundamentais da tradição clássica, aquele extraído do sexto livro das *Histórias* de Políbio, a teoria das formas de governo tem início com estas palavras: "A maior parte dos que examinaram estes assuntos nos ensinam que existem três formas de governo, chamadas respectivamente reino, aristocracia e democracia" [VI, 3]. O termo "democracia" volta a designar o governo de muitos na sua forma boa: à forma má Políbio atribui o termo "oclocracia". Fica portanto estabelecido que numa tipologia, como a clássica, que distingue as várias constituições acima de tudo com base no critério do número dos governantes, existe uma forma de governo — chame-se ela democracia ou algo diverso — que se caracteriza, frente às demais, por ser o governo dos muitos com respeito aos poucos, ou dos mais com respeito aos menos, ou da maioria com respeito à minoria ou a um grupo restrito de pessoas (ou mesmo de um só), e que portanto o conceito de democracia é, na tradição dos antigos que chega ininterruptamente até nós, extremamente simples e constante. Para citar apenas alguns dos clássicos da filosofia política, este significado de democracia ligado à tripartição das formas de governo com respeito ao número pode ser encontrado no *Defensor Pacis* de Marsílio de Pádua, nos *Discursos sobre a primeira década* de Maquiavel, no *Da República* de Bodin, nas obras políticas de Hommes, em Spinoza, em Locke, em Vico e, com particular atenção não à titularidade mas ao exercício do poder soberano, no *Contrato Social* de Rousseau.

Não obstante o seu predomínio, algumas vezes a tripartição foi substituída por uma bipartição. Tal substituição ocorreu através de duas operações diversas: ou reagrupando democracia e aristocracia numa única espécie contraposta à espécie monarquia, ou reagrupando numa única espécie monarquia e aristocracia e contrapondo-a à espécie democracia. A primeira recomposição é a realizada por Maquiavel no *Príncipe*, onde se lê logo nas primeiras linhas que "todos os estados, todos os domínios que imperaram e imperam sobre os homens foram e são ou repúblicas ou principados" [1513, ed. 1977 p. 5]. A segunda é a que terminou por prevalecer na teoria política contemporânea, onde a tripartição clássica foi sendo por toda parte substituída pela distinção primária e fundamental entre democracia e autocracia. Um dos autores que mais contribuiu para difundir e consolidar esta distinção foi Kelsen, que na *Teoria Geral do Direito e do Estado* [1945], após ter observado que a tripartição tradicional com base no número é superficial, adota um outro critério distintivo — a maior ou menor liberdade política — e conclui que "então é mais exato distinguir dois tipos de constituição ao invés de três: democracia e autocracia" [trad. it. p. 289]. A distinção maquiaveliana (retomada por Montesquieu, que porém retorna à tripartição, acrescentando à monarquia e à república, como terceira forma, o despotismo), porém, está sempre fundada no critério do número, mesmo se dominada pela idéia de que a distinção essencial é entre o governo de um (que é e não pode não ser uma pessoa física) e o governo de uma assembléia (que é e não pode não ser uma pessoa jurídica, seja ela uma assembléia de otimates ou de representantes do povo), e portanto democracia e aristocracia podem vantajosamente ser consideradas como uma única espécie sob o nome compreensivo de república (que pode ser, na verdade, democrática ou aristocrática). A distinção entre democracia e autocracia está fundada num critério completamente diverso, por sua vez inspirado na observação de que o poder ou ascende de baixo para o alto ou descende do alto para baixo. Para justificá-la, Kelsen serve-se da distinção entre autonomia e heteronomia: democráticas são as formas de governo em que as leis são feitas por aqueles aos quais elas se aplicam (e são precisamente normas autônomas), autocráticas as formas de governo em que os que fazem as leis são diferentes daqueles para quem elas são destinadas (e são precisamente normas heterônomas). Enquanto a classificação nascida com o nascimento do Estado moderno absorve a democracia no conceito mais geral de república, a classificação mais difundida na teoria política contemporânea absorve tanto a monarquia quanto a aristocracia no conceito mais geral de autocracia, e dá particular relevo à democracia considerada como um dos dois pólos para os quais convergem, embora em diversa medida e jamais completamente, todas as constituições existentes.

3. O uso prescritivo

Com respeito ao seu significado prescritivo, a democracia pode ser considerada, como de resto todas as demais formas de governo, com sinal positivo ou negativo, isto é, como uma forma boa, e portanto a ser louvada e recomendada, ou como uma forma má, e portanto a ser reprovada e desaconselhada. Toda a história do pensamento político está atravessada pela disputa em torno da melhor forma de governo: no interior desta disputa, um dos temas recorrentes é a argumentação pró e contra a democracia.

Pode-se fazer começar esta disputa na discussão referida por Heródoto [*Histórias*, III, §§ 80-82] entre três personagens persas, Otane, Megabizo e Dario, sobre a melhor forma de governo a ser instaurado na Pérsia após a morte de Cambise: cada um dos três defende uma das três formas clássicas e refuta as outras duas. O defensor da democracia, Otane, após ter criticado o governo monárquico porque o monarca "pode fazer o que quer, sem prestar contas a ninguém", chama o governo do povo com "o nome mais belo do que qualquer outro: igualdade de direitos", e o define como aquele em que "o governo está sujeito à prestação de contas e todas as decisões são tomadas em comum". Tanto ao defensor da aristocracia, Megabizo, quanto ao defensor da monarquia, Dario, é atribuída ao contrário a tarefa de aduzir argumentos para demonstrar que o governo do povo é uma forma má. Para o primeiro, "não há nada mais estúpido e mais insolente do que uma multidão inapta e incapaz", e portanto não é tolerável que "para fugir da prepotência de um tirano deva-se cair na insolência de um povo desenfreado". Para o segundo, "quando é o povo que governa é impossível que não nasça a corrupção na esfera pública, a qual não gera inimizades mas, antes, sólidas amizades entre os perversos". Nesta disputa, que aconteceria na segunda metade do século VI a.C. e que seria reproduzida num texto do século sucessivo, alguns elementos pró e contra a democracia são apresentados e fixados de uma vez para sempre. No pensamento grego, o elogio e a condenação se avizinham. O elogio mais célebre é o de Péricles, no discurso aos atenienses em honra dos primeiros mortos da guerra do Peloponeso: "Temos uma constituição que não emula as leis dos vizinhos, na medida em que servimos mais de exemplo aos outros do que de imitadores. E como ela é dirigida de modo a que os direitos civis caibam não a poucas pessoas mas à maioria, ela é chamada democracia: diante das leis, naquilo que diz respeito aos interesses privados, a todos cabe um plano de paridade, enquanto que no que diz respeito à consideração pública na administração do Estado, cada um é escolhido conforme tenha se destacado num determinado campo, não por ser proveniente de uma dada classe social mas sim por aquilo que vale. E no que diz respeito à pobreza, se alguém é capaz de fazer algo de bom para a cidade, não será impedido de fazê-lo pela obscuridade de sua posição social. Conduzimo-nos livremente nas relações com a comunidade e em tudo o que diz respeito à vida privada de nossos concidadãos, sem nos ressentirmos com nosso vizinho se ele age como lhe apraz e sem fazermos reprovações que, embora inócuas, lhe causariam desgosto. Ao mesmo tempo em que evitamos ofender os outros em nosso convívio privado, em nossa vida pública estamos impedidos de violar as leis sobretudo por causa de um temor reverente, em obediência aos que estão nos postos de comando e às instituições destinadas a proteger os que sofrem injustiças, e em particular às leis que, embora não escritas, trazem aos transgressores uma desonra por todos reconhecida" [Tucidides, *Guerra*, II, 37]. Nesta passagem, os traços pelos quais a democracia é considerada forma boa de governo são essencialmente os seguintes: é um governo não a favor dos poucos mas dos muitos; a lei é igual para todos, tanto para os ricos quanto para os pobres e portanto é um governo de leis, escritas ou não escritas, e não de homens; a liberdade é respeitada seja na vida privada seja na vida pública, onde vale não o fato de se pertencer a este ou àquele partido mas o mérito. No oitavo livro da *República* de Platão, ao contrário, encontra-se a mais célebre condenação. A democracia é ali considerada e analiticamente descrita como uma forma degenerada, senão como a forma mais degenerada que é a tirania. As quatro formas degeneradas com respeito à cidade ideal são dispostas na seguinte ordem de sucessiva degradação: timocracia, oligarquia, democracia, tirania. Enquanto a oligarquia é o governo dos ricos, a democracia é o governo não do povo mas dos pobres contra os ricos. O princípio da democracia é a liberdade, mas é uma liberdade que se converte imediatamente em licenciosidade pela ausência de freios morais e políticos que é típica do homem democrático, pela irrupção do desejo imoderado de satisfazer as carências supérfluas além das carências necessárias, pela ausência de respeito às leis e pela condescendência geral para com a subversão de toda autoridade, donde o pai teme o filho e "o mestre, por exemplo, teme e adula os discípulos e os discípulos riem-se dos mestres e dos pedagogos" [563*a*]. Com Aristóteles, toma forma definitiva a distinção entre as três constituições boas e as três constituições más com base no critério de governar para o bem comum ou para o próprio bem, destinada a se tornar um dos lugares-comuns do pensamento político sucessivo. Nesta sistematização, o governo dos muitos aparece seja como forma boa, sob o nome de politéia, seja como forma má, sob o nome de democracia. Não diversamente de Platão, também Aristóteles define a democracia como governo dos pobres, e em conseqüência como governo dos muitos pela única razão de que os pobres são em todo Estado mais numerosos do que os ricos. Mas tanto quanto o governo exclusivo dos ricos, também o governo exclusivo dos pobres é sempre um governo em favor de uma única parte e portanto, segundo a definição do bom governo à base do critério do bem comum, é um governo corrupto. Com Políbio, mudam os nomes mas não a ordenação das formas de governo em três boas e três más: forma boa do governo popular é a democracia, na qual o povo "chama para si o cuidado para com os interesses públicos", forma má é a degeneração da democracia, ou oclocracia (governo da plebe), no qual "a multidão, habituada a consumir bens alheios e a viver às custas do próximo, quando encontra um chefe magnânimo e corajoso que não pode aspirar aos cargos públicos em decorrência da sua pobreza, usa a violência e de comum acordo recorre a assassinatos, exílios, divisões de terras" [*Histórias*, VI, 9].

A tipologia das formas de governo em seu uso prescritivo comporta não apenas um juízo absoluto sobre a bondade ou não desta ou daquela forma, mas também um juízo relativo sobre a maior ou menor bondade de uma forma com respeito às outras. Nesta perspectiva, a disputa em torno da democracia não se refere apenas ao problema de saber se a democracia é ou não uma forma boa ou má, mas estende-se ao problema de saber se ela é melhor ou pior do que as outras, ou seja, qual é a sua colocação num ordenamento axiológico (isto é, segundo o valor) das constituições. Numa tipologia que não distingue as formas puras das corruptas, as teses possíveis são três: se a democracia é a melhor, se é a pior ou se está no meio entre a melhor e a pior. As teses historicamente mais freqüentes e relevantes são as duas primeiras, já que o confronto ocorre habitualmente entre as duas formas extremas que são precisamente a monarquia e a democracia. Numa tipologia que distingue as constituições na sua forma pura e na sua forma corrupta, o confronto torna-se muito mais complexo: de fato, a democracia pode ser tanto a pior (ou a melhor) das formas boas, quanto a melhor (ou a pior) das formas más, ou seja, pode ser ao mesmo tempo a melhor (ou a pior) das formas boas e a melhor (ou pior) das formas más. No pensamento grego, as teses mais freqüentes são duas: a platônica (no Platão de *Político*), na qual a democracia é simultaneamente a pior das boas e a melhor das más (enquanto ao contrário a monarquia é a melhor das boas e a pior das más), com a conseqüência de que a diferença entre democracia boa e democracia má é mínima (enquanto é máxima a diferença entre monarquia e tirania); e a polibiana, segundo a qual a democracia se encontra no fim da escala tanto das formas boas quanto das más, o que significa que é simultaneamente a pior das boas e a pior das más. Numa tipologia como a da *República* platônica, que apenas conhece formas degeneradas, o problema axiológico consiste em atribuir à democracia um posto no processo de sucessivas degenerações: para Platão, ela é pior do que a timocracia e a oligarquia, mas melhor do que a tirania. Enfim, numa tipologia como a de Vico, que apenas conhece formas boas (boas no sentido de que toda forma corresponde a uma determinada fase de desenvolvimento da humanidade, ao *Zeitgeist*, como dirá Hegel), o problema axiológico consiste em atribuir à democracia um posto no processo de sucessivos aperfeiçoamentos: para Vico a democracia — ou, para usar a própria linguagem vicoiana, a república popular — é uma forma melhor do que a república aristocrática mas pior do que o principado. (Tanto para Vico como para Platão o governo do povo não é uma forma extrema, isto é, uma forma que se encontra no início ou no fim da série, como acontece aliás na maior parte das teorias políticas, mas é uma forma intermediária.)

Na disputa em torno da melhor forma de governo, os clássicos do pensamento político moderno, que acompanham com suas reflexões o surgimento e a consolidação dos grandes Estados territoriais predominantemente monárquicos, são, ao menos até a revolução francesa e à exceção de Spinoza, favoráveis à monarquia e contrários à democracia. Assim Bodin, Hobbes, Locke, Vico, Montesquieu, Kant, Hegel. Enquanto alguns destes autores, que consideram as diversas formas de governo em seu desenvolvimento histórico (como Vico, Montesquieu, Hegel), exaltam a monarquia como forma de governo mais adaptada à época a eles contemporânea, outros (como Hobbes e Bodin) fazem uma comparação em abstrato, na qual são acolhidos todos os argumentos tradicionais contra o governo do povo, todos os motivos antigos e modernos do antidemocratismo (os quais se transferem sem variações sensíveis à publicística de direita dos nossos dias). O décimo capítulo do *De cive* de Hobbes, intitulado *Specierum trium civitatis quoad incommoda singularum comparatio*, pode ser considerado como paradigmático: os argumentos contra a democracia podem ser compreendidos em dois grupos, os que dizem respeito ao sujeito governante (a assembléia popular confrontada com o poder único do rei) e os que dizem respeito ao modo de governar. Os defeitos das assembléias populares são a incompetência, o domínio da eloqüência (e portanto da demagogia), a formação de partidos que obstaculizam a formação de uma vontade coletiva e favorecem a rápida modificação das leis, a ausência de segredo. Os inconvenientes do poder quando exercido pelo povo consistem numa maior corrupção — pois numa democracia os cidadãos famélicos, que devem ser satisfeitos pelos dirigentes do povo, são em maior número — e numa menor segurança, causada pela proteção que os demagogos são forçados a conceder a seus sustentadores, maior corrupção e menor segurança estas que não são compensadas por uma maior liberdade. O *Tractatus* de Spinoza foi escrito para demonstrar a superioridade do governo democrático, mas infelizmente a parte dedicada a esta forma de governo permaneceu incompleta. No entanto, confrontando Spinoza com Hobbes, autores sob muitos aspectos bastante vizinhos com relação aos princípios primeiros e portanto legitimamente confrontáveis, pode-se compreender a razão pela qual Spinoza, embora partindo da mesma visão realista do poder e do mesmo modo de conceber a fundação do Estado, acabou por sustentar no confronto entre as várias formas de governo a tese diametralmente oposta à hobbesiana. O que os divide é a diversa concepção do fim último do Estado, que para Hobbes é a paz e a ordem, para Spinoza a liberdade, diferença que por sua vez repousa sobre uma diferença mais profunda, que permite mais do que todas contrapor uma teoria à outra: refiro-me à diferença com respeito à perspectiva principal da qual todo escritor de coisas políticas se coloca para expor o próprio pensamento, e que permite contrapor os escritores que se colocam *ex parte principis*, isto é, da parte dos governantes para justificar o seu direito de comandar e o dever dos súditos de obedecer, aos escritores que se colocam *ex parte populi*, ou seja, da parte dos governados para defender o seu direito de não serem oprimidos e o dever dos governantes de emanarem leis justas. Para quem se coloca *ex parte principis*, o problema principal do Estado é o da unidade do poder, que pode inclusive agir em prejuízo da liberdade dos singulares; para quem se coloca *ex parte populi*, o problema principal é o da liberdade dos singulares, que pode inclusive agir em prejuízo da unidade. A disputa entre o defensor da monarquia e o defensor da democracia é sempre uma disputa entre dois contendores que se colocam de dois pontos de vista opostos para analisar e avaliar o mesmo fenômeno. A solução que o defensor da democracia dá ao problema da liberdade — que é, repito, o problema do Estado considerado da parte do governado — é, no limite, a identificação do governado com o governante, ou seja, a eliminação da figura do governante como figura separada da do governado. Esta identificação é enunciada claramente em Spinoza na passagem em que, expondo "os fundamentos do governo democrático", afirma que "nele... ninguém transfere a outros o próprio direito natural de modo tão definitivo que depois não volte a ser mais consultado; mas o defere à parte maior da inteira sociedade, da qual ele é um membro. E por este motivo todos continuam a ser tão iguais quanto o eram no precedente estado de natureza" [1670, trad. it. pp. 384-385]. Uma afirmação que não pode deixar de trazer à mente a idéia central que inspira a obra daquele que é considerado o pai da democracia moderna: a idéia de uma associação mediante a qual "cada um, unindo-se a todos, obedece apenas a si mesmo e permanece livre como antes" [Rousseau 1762, trad. it. p. 23].

O tema rousseauniano da liberdade como autonomia, ou da liberdade definida como "a obediência de cada um à lei que se prescreveu", torna-se após as revoluções americana e francesa, e após o nascimento das primeiras doutrinas socialistas e anarquistas, um dos argumentos principais, se não o principal, em favor da democracia frente a todas as demais formas de governo que, se não são democráticas, não podem não ser autocráticas. O problema da democracia vai-se cada vez mais identificando com o tema do autogoverno, e o progresso da democracia com a ampliação dos campos em que o método do autogoverno é posto à prova. O desenvolvimento da democracia do início do século passado a hoje tem coincidido com a progressiva extensão dos direitos políticos, isto é, do direito de participar, ao menos com a eleição de representantes, da formação da vontade coletiva. O progresso da democracia caminha passo a passo com o fortalecimento da convicção de que após a idade das luzes, como observou Kant, o homem saiu da menoridade, e como um maior de idade não mais sob tutela deve decidir livremente sobre a própria vida individual e coletiva. Na medida em que um número sempre maior de indivíduos conquista o direito de participar da vida política, a autocracia retrocede e a democracia avança. Ao lado do argumento ético em favor da democracia entendida precisamente como a realização sobre o terreno especificamente político do valor supremo da liberdade, a avaliação positiva da democracia-autonomia frente à autocracia-heteronomia vale-se geralmente de outros dois argumentos, o primeiro mais propriamente político, o segundo genericamente utilitário. O argumento político funda-se numa das máximas mais compartilhadas pelo pensamento político de todos os tempos: a máxima segundo a qual quem detém o poder tende a dele abusar. Toda a história do pensamento político pode ser considerada como uma longa, ininterrupta e apaixonada discussão em torno dos vários modos de limitar o poder: entre eles está o método democrático. Um dos argumentos fortes em favor da democracia é que o povo não pode abusar do poder contra si mesmo, ou, dito de outra forma, onde o legislador e o destinatário da lei são a mesma pessoa, o primeiro não pode prevaricar sobre o segundo. O argumento utilitarista é o que se funda numa outra máxima (menos sólida, para dizer a verdade), aquela segundo a qual os melhores intérpretes do interesse coletivo são os que fazem parte da coletividade e de cujo interesse se trata, isto é, os próprios interessados: neste sentido, *vox populi vox dei*.

4. O uso histórico

Durante séculos, ao menos até Hegel, os maiores escritores políticos serviram-se da tipologia das formas de governo para traçar as linhas de desenvolvimento do curso histórico da humanidade entendido como um suceder-se de uma determinada constituição a outra segundo um certo ritmo. Trata-se de ver que posto a democracia ocupou em alguns dos grandes sistemas.

Antes de tudo, é preciso distinguir as filosofias da história em regressivas, segundo as quais a etapa sucessiva é uma degeneração da precedente, progressivas, segundo as quais a etapa sucessiva é um aperfeiçoamento da precedente, e cíclicas, segundo as quais o curso histórico, após ter percorrido em sentido regressivo ou em sentido progressivo todas as etapas, retorna ao princípio. Nas histórias regressivas (Platão) ou cíclico-regressivas (Políbio) dos antigos, a democracia geralmente ocupa o último posto numa sucessão que prevê a monarquia como primeira forma, a aristocracia como segunda e a democracia como terceira. Inclusive pelo influxo que exerceu sobre escritores modernos (pense-se particularmente no Maquiavel do segundo capítulo dos *Discursos*), é exemplar a periodização de Políbio, que apresenta em rápida síntese a sucessão das seis formas, através da alternância da forma boa com a respectiva forma má: "Espontânea e naturalmente surge antes de qualquer outra forma a monarquia, da qual deriva, em seguida às oportunas correções e transformações, o reino. Quando este incorre nos defeitos que a ele são inerentes e se transforma em tirania, acaba por ser abolido e é substituído pela aristocracia. Quando, segundo um processo natural, esta última degenera em oligarquia e o povo pune indignado a injustiça dos chefes, surge a democracia. Quando a democracia por sua vez se mancha de ilegalidade e violências, com o passar do tempo forma-se a oclocracia" [*Histórias*, VI, 4].

Na idade moderna, a idade das grandes monarquias, quando a concepção regressiva cede a passagem à progressiva, o campo de observação dos escritores estende-se enormemente e a sucessão dos antigos sofre uma reviravolta: a monarquia não está mais no início do ciclo, mas no fim. Vico considera-se um inovador porque após o estado bestial (que ainda não é social) e o estado das famílias (que ainda não é estatal), faz a história dos Estados ter início não na monarquia, mas na república aristocrática, à qual sucede a república popular e enfim o principado. No *De universi iuris uno principio et uno fine*, define o governo popular como aquele no qual vigoram "a paridade dos sufrágios, a livre expressão das sentenças, o igual acesso de cada um a todas as honras, sem exclusão das supremas, em razão do censo, ou seja, do patrimônio" [1720, trad. it. p. 166] (o princípio de que o censo é a base dos direitos políticos durará, como se sabe, até a revolução francesa pelo menos). Uma característica da tipologia de Vico, porém, é que ela acaba por ser resolvida em dicotomia, com um procedimento diverso daqueles já conhecidos e indicados: as duas mais conhecidas dicotomias são monarquia e república (com a *reductio ad unum* de democracia e aristocracia), por um lado, e democracia e autocracia (com a *reductio ad unum* de monarquia e aristocracia), por outro. Para Vico, a diferença essencial passa entre a república aristocrática, que representa a idade dos heróis, de um lado, e a república popular e a democracia, de outro, ambas representando, embora em diversa medida, a idade dos homens — o que faz portanto com que a tricotomia clássica possa ser resolvida na dicotomia aristocracia e "governos humanos" (isto é, democracia e monarquia), nos quais "pela igualdade da sua inteligente natureza, que é a própria natureza humana, todos se igualam diante das leis, já que todos nasceram livres em suas cidades; ou são populares, quando todos ou a maior parte constituem as forças justas da cidade e por isso tornam-se senhores da liberdade popular; ou são monarquias, nas quais os monarcas igualam a todos os sujeitos com as suas leis, e, concentrando apenas eles em suas mãos a força das armas, são os únicos a ocuparem uma posição política distinta" [1744, § 927].

Na importante classificação das formas de governo exposta e minuciosamente ilustrada por Montesquieu no *Espírito das leis,* a monarquia aparece ainda uma vez como a forma de governo mais adequada aos grandes Estados territoriais europeus, enquanto o despotismo é a forma de governo mais adequada aos povos orientais e a república (que compreende, como em Maquiavel, tanto a república democrática quanto a aristocrática) aos povos antigos. Segundo a natureza, o governo republicano é ali definido como aquele no qual "o povo como um todo, ou algumas famílias, possuem o poder supremo" [1748, trad. it. p. 83]; segundo o princípio, ou melhor, segundo a "mola" que o faz mover-se, é aquele caracterizado pela virtude (enquanto o monárquico tem por princípio a honra e o despótico o medo). Tanto no capítulo em que é ilustrada a natureza da democracia quanto no capítulo dedicado ao princípio, os exemplos são extraídos da história grega e romana, e neles se encontra a seguinte afirmação: "Os políticos gregos, que viviam num governo popular, reconheciam na virtude a única força capaz de sustentá-lo. Os políticos de hoje só nos falam de manufaturas, de comércio, de finanças, de riquezas e até de luxo" [*ib.,* pp. 85-86]. No capítulo em que o conceito de virtude é desenvolvido e definido como "o amor pela república" [*ib.,* p. 115], as fontes da definição são notoriamente clássicas. A natureza e o princípio do despotismo são ilustrados com exemplos extraídos dos povos orientais; a natureza e o princípio da monarquia, com exemplos extraídos dos grandes Estados europeus, como Espanha, França, Inglaterra.

A tripartição de Montesquieu torna-se o critério fundamental para a interpretação do curso histórico da humanidade na filosofia da história de Hegel, que pode ser considerada como a última grande filosofia da história na qual a evolução da civilização é vista através da passagem de uma forma de governo a outra (após Hegel, a maior parte das filosofias da história consideram como indicadores da evolução as formas sociais, as relações de produção etc.). Numa de suas obras juvenis, o desenho geral em cujo interior será compreendida e desenvolvida toda a imensa matéria da filosofia da história da idade madura, já está traçado em suas linhas principais: "A continuidade da cultura mundial conduziu o gênero humano, após o despotismo oriental, e após a degeneração da república que havia dominado o mundo, a esta posição intermediária entre as duas precedentes" que é "o sistema da representação" próprio "de todos os modernos Estados europeus" [1799-1802, trad. it. p. 83]. Nas *Lições sobre a filosofia da história*, o tema é retomado e desenvolvido em suas linhas essenciais com as seguintes palavras: "A história universal é o processo através do qual ocorre a educação do homem, que passa da exacerbação da vontade natural ao universal e à liberdade subjetiva. O Oriente sabia e sabe que apenas um é livre, o mundo grego e romano que alguns são livres, o mundo germânico que todos são livres. A primeira forma que portanto vemos na história universal é o *despotismo*, a segunda é a *democracia* e a *aristocracia*, e a terceira é a *monarquia*" [1830-31, ed. 1934 p. 150]. Para Hegel, portanto, assim como para os maiores escritores políticos que refletem sobre a formação e o crescimento do Estado moderno, a democracia é uma forma de governo que pertence ao passado. Contra o conceito de soberania popular, elaborado em antítese à soberania que existe no monarca, Hegel escreve nos *Princípios de filosofia do direito* (isto é, na obra que é o principal ponto de referência no que diz respeito à essência do seu pensamento político): "O povo, considerado sem o seu monarca e sem a organização necessariamente e imediatamente conectiva da totalidade, é a multidão informe, que não é mais Estado, à qual *não* cabe mais nenhuma das determinações que existem apenas na totalidade *formada em si*" [1821, § 279, anotação]. Fazendo da monarquia constitucional o momento culminante do desenvolvimento histórico, Hegel — filósofo da idade da restauração — fecha uma época.

5. A democracia dos modernos

Na idade em que se foram formando os grandes Estados territoriais, através da ação centralizadora e unificadora do príncipe, o argumento então tornado clássico contra a democracia consistia em afirmar que o governo democrático apenas era possível nos pequenos Estados. O próprio Rousseau estava convencido de que uma verdadeira democracia jamais existira, pois exigia entre outras condições um Estado muito pequeno, "no qual ao povo seja fácil reunir-se e cada cidadão possa facilmente conhecer todos os demais" [1762, trad. it. p. 93]. Mas quando Hegel exaltava a monarquia constitucional como a única forma de governo em que se poderia reconhecer o espírito do mundo após a revolução francesa, já havia nascido um governo republicano — que se tornara forte o suficiente para chamar a atenção de alguns espíritos inquietos e quase proféticos — num grande espaço (num espaço destinado a se tornar muito maior do que aquele ocupado pelos principais Estados europeus): os Estados Unidos da América.

Para dizer a verdade, alguns dos pais fundadores do novo Estado, que demonstraram nas disputas teóricas e nas construções constitucionais conhecer muito bem o pensamento político clássico e moderno, quiseram que não se confundisse a república por eles visada e iniciada com a democracia dos antigos. A respeito da democracia dos antigos, o juízo de James Madison no *Federalista* (n.º 10) não se distingue daquele dos mais furiosos antidemocratas: "As democracias sempre ofereceram espetáculo de turbulência e dissídios, mostraram-se sempre em contraste com toda forma de garantia da pessoa ou das coisas; e viveram uma vida que foi tão breve quanto violenta foi a sua morte" [Hamilton, Jay e Madison 1787-88, trad. it. p. 61]. Mas a forma de governo que Madison chama de democracia, seguindo a lição dos clássicos que chegara a Rousseau, era a democracia direta. Por república, ao contrário, entende o governo representativo, exatamente aquela forma de governo que hoje nós — convencidos de que nos grandes Estados não é possível outra democracia senão a representativa, embora em alguns casos corrigida e integrada por institutos de democracia direta —, sem recorrer a ulteriores especificações, chamamos de democracia e contrapomos a todas as formas velhas e novas de autocracia. Escreve Madison: "Os dois grandes elementos de diferenciação entre uma democracia e uma república são os seguintes: em primeiro lugar, no caso desta última, há uma delegação da ação governativa a um pequeno número de cidadãos eleitos pelos outros; em segundo lugar, ela pode ampliar a sua influência sobre um maior número de cidadãos e sobre uma maior extensão territorial" [*ib.*, p. 62].

Desta passagem emerge a firme opinião de que existe um nexo entre Estado representativo (ou república) e dimensão do território, e que portanto a única forma não autocrática de governo possível num grande Estado é o governo por representação, que é uma forma de governo democrático corrigido, temperado ou limitado, e enquanto tal tornado compatível com um território muito vasto e com uma população numerosa (e também, no caso específico dos Estados Unidos, muito esparsa). Que a passagem da democracia direta à democracia indireta seja objetivamente determinada pelas condições do ambiente (o que faz com que a república não seja tanto uma forma oposta à democracia mas sim a única democracia possível em determinadas condições de território e de população), é confirmada por este trecho: "Outro ponto de distinção [entre democracia e governo representativo] é que um regime republicano pode abarcar um maior número de cidadãos e um mais amplo território em comparação com um regime democrático, e é exatamente esta circunstância que faz com que as possíveis manobras das facções sejam menos temíveis no primeiro do que no segundo caso" [*ib.*, p. 63].

Deve-se a Alexis de Tocqueville, que em 1835 publica o primeiro volume de *Da democracia na América*, o reconhecimento, quase a consagração, do novo Estado no novo mundo como forma autêntica da democracia dos modernos contraposta à democracia dos antigos. Na advertência anteposta à edição de 1848, Tocqueville escreve que a América havia resolvido o problema da liberdade democrática que a Europa apenas começava a se colocar naquele momento: "Há sessenta anos o princípio da soberania do povo, que tínhamos introduzido ontem em nosso país, reina soberano na América, posto em prática do modo mais direto, mais ilimitado, mais absoluto" [Tocqueville 1848, trad. it. p. 10]. Para quem escreve estas palavras, a distinção entre democracia direta e democracia representativa não tem mais nenhuma relevância: "Às vezes é o próprio povo que faz as leis, como em Atenas; às vezes são os deputados, eleitos por sufrágio universal, que o representam e agem em seu nome, sob a sua vigilância quase direta". O que conta é que o poder esteja de fato, diretamente ou por interposta pessoa, nas mãos do povo, que vigore como "a lei das leis" o princípio da soberania popular, donde "a sociedade age por si só sobre si mesma" e "não existe poder fora dela e não há ninguém que ouse conceber, e sobretudo exprimir, a idéia de buscá-lo em outro lugar". O capítulo dedicado ao princípio da soberania popular na América conclui-se com as seguintes palavras: "O povo reina sobre o mundo político americano, como Deus sobre o universo. Ele é a causa e o fim de tudo: tudo dele deriva e tudo para ele é reconduzido" [Tocqueville 1835-40, trad. it. p. 77]. Contrariamente à democracia dos antigos — que, fundada sobre o governo de assembléia, não reconhece nenhum ente intermediário entre o indivíduo e o Estado, o que faz com que Rousseau (seu moderno advogado de defesa) condene as sociedades parciais, capazes de dividir o que deve permanecer unido —, a democracia dos modernos é pluralista, vive sobre a existência, a multiplicidade e a vivacidade das sociedades intermediárias. Mais que pela igualdade das condições, a sociedade americana impressionou Tocqueville pela tendência que têm os seus membros de se associarem entre si com o objetivo de promover o bem público, tanto que "independentemente das associações permanentes, criadas pela lei sob o nome de comunas, cidades e condados, há uma multidão de outras, que devem o seu surgimento e o seu desenvolvimento tão-somente a vontades individuais" [*ib.*, p. 226]. E o associacionismo converte-se num critério novo (novo com respeito aos critérios tradicionais, que sempre se fundaram exclusivamente sobre o número dos governantes) para distinguir uma sociedade democrática de uma não democrática, como se pode observar neste trecho, surpreendente por sua incisividade: "Nas sociedades aristocráticas, os homens não precisam unir-se para agir, porque já estão solidamente mantidos juntos. Cada cidadão rico e poderoso forma ali como que a cabeça de uma associação permanente e necessária, composta por todos aqueles que dele dependem e que ele faz concorrer para a execução de seus desígnios. Nas democracias, pelo contrário, todos os cidadãos são independentes e ineficientes, quase nada podem sozinhos e nenhum dentre eles seria capaz de obrigar seus semelhantes a lhe emprestar sua cooperação. Se não aprendem a se ajudar livremente, caem todos na impotência" [*ib.*, p. 598].

6. Democracia representativa e democracia direta

No século que decorre da idade da restauração à primeira guerra mundial, a história da democracia coincide com a afirmação dos Estados representativos nos principais países europeus e com o desenvolvimento interno de cada um deles, tanto que a complexa tipologia das tradicionais formas de governo será pouco a pouco reduzida e simplificada na contraposição entre os dois campos opostos das democracias e das autocracias. Tendo presente os dois caracteres fundamentais relevados por Tocqueville na democracia americana, o princípio da soberania do povo e o fenômeno da associação, o Estado representativo (o qual viera pouco a pouco se consolidando na Inglaterra e da Inglaterra difundindo-se, através do movimento constitucional dos primeiros decênios do século XIX, na maior parte dos Estados europeus) conhece um processo de democratização ao longo de duas linhas: o alargamento do direito de voto até o sufrágio universal masculino e feminino, e o desenvolvimento do associacionismo político até a formação dos partidos de massa e o reconhecimento de sua função pública. Nada pode revelar este duplo processo melhor do que a comparação entre o Estatuto do Reino da Sardenha promulgado por Carlos Alberto em 4 de março de 1848, depois convertido na primeira carta constitucional do reino de Itália (1861), e a constituição republicana elaborada e aprovada pela Assembléia Constituinte eleita em 2 de junho de 1946 após o fim da segunda guerra mundial, que entrará em vigor, quase exatamente um século depois do Estatuto albertino, em 1.º de janeiro de 1948. Acima de tudo através dos sucessivos alargamentos dos direitos políticos ocorridos em 1882, 1912, 1919 e 1946 (sem contar a extensão do voto aos que completam dezoito anos, ocorrida em 1975), o eleitorado italiano passou de pouco mais de 2 por cento dos habitantes a aproximadamente 60 por cento. Em segundo lugar, com a passagem da monarquia à república também o supremo cargo do Estado tornou-se eletivo e portanto, no sentido técnico da palavra, representativo. Ao invés do senado de nomeação régia, também a segunda câmara passa a ser eleita por sufrágio universal. Com a instituição das regiões administrativas, às quais é atribuído um poder legislativo, foi feita uma tentativa, da qual ainda é muito cedo para avaliar os resultados, de redistribuir o poder político entre o centro e a periferia. Enfim, com o reconhecimento a todos os cidadãos do "direito de associar-se livremente em partidos políticos para contribuir, com método democrático, para a determinação da política nacional" (art. 49), desejou-se dar uma legitimação às organizações que através da agregação de interesses homogêneos facilitam a formação de uma vontade coletiva numa sociedade caracterizada pela pluralidade de grupos e por fortes tensões sociais.

A consolidação da democracia representativa, porém, não impediu o retorno à democracia direta, embora sob formas secundárias. Ao contrário, o ideal da democracia direta como a única verdadeira democracia jamais desapareceu, tendo sido mantido em vida por grupos políticos radicais, que sempre tenderam a considerar a democracia representativa não como uma inevitável adaptação do princípio da soberania popular às necessidades dos grandes Estados, mas como um condenável ou errôneo desvio da idéia originária do governo do povo, pelo povo e através do povo. Como é bem conhecido, Marx acreditou encontrar alguns traços de democracia direta na breve experiência de direção política feita pela Comuna de Paris entre março e abril de 1871. Lênin retomou com força o tema em *Estado e revolução* [1917], o ensaio que haveria de guiar a mente e a ação dos construtores do novo Estado que estava surgindo das cinzas da autocracia czarista. Freqüentemente a democracia direta foi contraposta, como forma própria da futura democracia socialista, à democracia representativa, condenada como forma imperfeita, reduzida e ilusória de democracia mas, ao mesmo tempo, como a única forma possível de democracia num Estado de classe tal qual o Estado burguês. Sob o nome genérico de democracia direta entendem-se todas as formas de participação no poder, que não se resolvem numa ou noutra forma de representação (nem a representação dos interesses gerais ou política, nem a representação dos interesses particulares ou orgânica): *a)* o governo do povo através de delegados investidos de mandato imperativo e portanto revogável; *b)* o governo de assembléia, isto é, o governo não só sem representantes irrevogáveis ou fiduciários, mas também sem delegados; *c)* o *referendum*. Destas três formas de democracia direta, a primeira foi acolhida na Constituição soviética atualmente em vigor, cujo art. 142 diz que "todo deputado tem o dever de prestar contas, diante dos eleitores, de sua atividade e da atividade dos Soviets dos deputados dos trabalhadores, e seu mandato pode ser revogado a qualquer momento por decisão da maioria dos eleitores"; foi também adotado na maior parte das Constituições das democracias populares. A segunda pertence normalmente à fase emergente dos movimentos coletivos, à fase do assim chamado "estado nascente" que precede a institucionalização, da qual são exemplos recentes o movimento de contestação dos estudantes e os comitês de zona ou de bairro das grandes cidades. A terceira foi inserida em algumas Constituições pós-bélicas, como a italiana (art. 75). Destas três formas de democracia direta, a segunda e a terceira não podem por si sós substituir, e de fato jamais substituíram, as várias formas de democracia representativa praticáveis num Estado democrático, assim como de resto as várias formas de democracia representativa jamais pretenderam substituir, e de fato jamais substituíram, as formas autoritárias de exercício do poder, como são, por exemplo, em todos os Estados que mesmo assim são chamados de democráticos, as formas próprias do aparato burocrático. Portanto, não podem por si sós constituir uma verdadeira alternativa ao Estado representativo: a segunda porque é aplicável apenas nas pequenas comunidades, a terceira porque é aplicável apenas em circunstâncias excepcionais e de particular relevo. Quanto à primeira, com a formação dos grandes partidos organizados que impõem uma disciplina de voto, às vezes férrea, aos representantes eleitos em suas listas, a diferença entre representação com mandato e representação sem mandato torna-se cada vez mais evanescente. O deputado eleito através da organização do partido torna-se uma mandatário, senão dos eleitores, ao menos do partido, que o penaliza retirando-lhe a confiança toda vez que ele se subtrai à disciplina, a qual converte-se assim num sucedâneo funcional do mandato imperativo por parte dos eleitores.

7. Democracia política e democracia social

O processo de alargamento da democracia na sociedade contemporânea não ocorre apenas através da integração da democracia representativa com a democracia direta, mas também, e sobretudo, através da extensão da democratização — entendida como instituição e exercício de procedimentos que permitem a participação dos interessados nas deliberações de um corpo coletivo — a corpos diferentes daqueles propriamente políticos. Em termos sintéticos, pode-se dizer que, se hoje se deve falar de um desenvolvimento da democracia, ele consiste não tanto, como erroneamente muitas vezes se diz, na substituição da democracia representativa pela democracia direta (substituição que é de fato, nas grandes organizações, impossível), mas na passagem da democracia na esfera política, isto é, na esfera em que o indivíduo é considerado como cidadão, para a democracia na esfera social, onde o indivíduo é considerado na multiplicidade de seus *status*, por exemplo de pai e de filho, de cônjuge, de empresário e de trabalhador, de professor e de estudante e até de pai de estudante, de médico e de doente, de oficial e de soldado, de administrador e de administrado, de produtor e de consumidor, de gestor de serviços públicos e de usuário etc.; em outras palavras, na extensão das formas de poder ascendente, que até então havia ocupado quase exclusivamente o campo da grande sociedade política (e das pequenas e muitas vezes politicamente irrelevantes associações voluntárias), ao campo da sociedade civil em suas várias articulações, da escola à fábrica. Em conseqüência, as formas hodiernas de desenvolvimento da democracia não podem ser interpretadas como a afirmação de um novo tipo de democracia, mas devem ser bem mais entendidas como a ocupação, por parte de formas até tradicionais de democracia, de novos espaços, isto é, de espaços até então dominados por organizações de tipo hierárquico ou burocrático.

Uma vez conquistado o direito à participação política, o cidadão das democracias mais avançadas percebeu que a esfera política está por sua vez incluída numa esfera muito mais ampla, a esfera da sociedade em seu conjunto, e que não existe decisão política que não esteja condicionada ou inclusive determinada por aquilo que acontece na sociedade civil. Portanto, uma coisa é a democratização da direção política, o que ocorreu com a instituição dos parlamentos, outra coisa é a democratização da sociedade. Em conseqüência, pode muito bem existir um Estado democrático numa sociedade em que a maior parte das instituições, da família à escola, da empresa aos serviços públicos, não são governadas democraticamente. Daí a pergunta que melhor do que qualquer outra caracteriza a atual fase de desenvolvimento da democracia nos países politicamente mais democráticos: "É possível a sobrevivência de um Estado democrático numa sociedade não democrática?" Pergunta que também pode ser formulada deste modo: "A democracia política foi e é até agora necessária para que um povo não seja governado despoticamente. Mas é também suficiente?" Até ontem ou anteontem, quando se queria dar uma prova do desenvolvimento da democracia num dado país, tomava-se como índice a extensão dos direitos políticos, do sufrágio restrito ao sufrágio universal; mas sob este aspecto todo desenvolvimento ulterior não é mais possível depois que o sufrágio foi em quase toda parte estendido às mulheres e em alguns países, como a Itália, o limite de idade foi diminuído para dezoito anos. Hoje, quem deseja ter um indicador do desenvolvimento democrático de um país deve considerar não mais o número de pessoas que têm direito de votar, mas o número de instâncias diversas daquelas tradicionalmente políticas nas quais se exerce o direito de voto. Em outros termos, quem deseja dar um juízo sobre o desenvolvimento da democracia num dado país deve pôr-se não mais a pergunta "Quem vota?", mas "Onde se vota?".

8. Democracia formal e democracia substancial

O discurso sobre o significado de democracia não pode ser considerado concluído se não se dá conta do fato de que, além da democracia como forma de governo de que se falou até agora, quer dizer, democracia como conjunto de instituições caracterizadas pelo tipo de resposta que é dada às perguntas "Quem governa?" e "Como governa?", a linguagem política moderna conhece também o significado de democracia como regime caracterizado pelos fins ou valores em direção aos quais um determinado grupo político tende e opera. O princípio destes fins ou valores, adotado para distinguir não mais apenas formalmente mas também conteudisticamente um regime democrático de um regime não democrático, é a igualdade, não a igualdade jurídica introduzida nas Constituições liberais mesmo quando estas não eram formalmente democráticas, mas a igualdade social e econômica (ao menos em parte). Assim foi introduzida a distinção entre democracia formal, que diz respeito precisamente à forma de governo, e democracia substancial, que diz respeito ao conteúdo desta forma. Estes dois significados podem ser encontrados em perfeita fusão na teoria rousseauniana da democracia, já que o ideal igualitário que a inspira se realiza na formação da vontade geral, e portanto são ambos historicamente legítimos. A legitimidade histórica, porém, não autoriza a crer que tenham, não obstante a identidade do termo, um elemento conotativo comum. Tanto é verdade que pode ocorrer historicamente uma democracia formal que não consiga manter as principais promessas contidas num programa de democracia substancial e, vice-versa, uma democracia substancial que se sustente e se desenvolva através do exercício não democrático do poder. Desta ausência de um elemento conotativo comum temos a prova na esterilidade do debate sobre a maior ou menor democraticidade dos regimes que se inspiram uns no princípio do governo *do* povo, outros no princípio do governo *para* o povo. Cada um dos regimes é democrático segundo o significado de democracia escolhido pelo defensor e não é democrático no significado escolhido pelo adversário. Além do mais, o único ponto sobre o qual um e outro poderiam concordar é que uma democracia perfeita deveria ser ao mesmo tempo formal e substancial. Mas um regime deste gênero pertence, até agora, ao gênero dos futuríveis.

9. A ditadura dos antigos

À medida em que a democracia foi considerada como a melhor forma de governo, como a menos má, como a forma de governo mais adaptada às sociedades economicamente, civilmente e politicamente mais evoluídas, a teoria das formas de governo em seu uso prescritivo simplificou a tipologia tradicional e polarizou-se, como já afirmamos, em torno da dicotomia democracia-autocracia. No uso corrente, porém, o termo que veio prevalecendo para designar o segundo membro da dicotomia não é "autocracia" mas "ditadura". Hoje está de tal maneira generalizado o costume de chamar de "ditaduras" a todos os governos que não são democracias, e que geralmente surgiram derrubando democracias precedentes, que o termo tecnicamente mais correto "autocracia" acabou por ser relegado nos manuais de direito público, e a grande dicotomia hoje dominante não é a que se funda sobre a contraposição entre democracia e autocracia, mas a que contrapõe (embora com um uso historicamente distorcido do primeiro termo) a ditadura à democracia. A denominação de ditadura aplicada a todos os regimes que não são democracias difundiu-se sobretudo após a primeira guerra mundial, tanto através do aceso debate sobre a forma de governo instaurada na Rússia pelos bolcheviques, que se alimentou das várias interpretações do conceito marxista de ditadura do proletariado, quanto através do uso feito pelos adversários do termo "ditadura" para designar os regimes fascistas, a começar do italiano. Esta contraposição da ditadura à democracia num universo de discurso em que democracia assumiu um significado predominantemente eulógico, terminou por fazer de "ditadura", contrariamente ao uso histórico, um termo com significado predominantemente negativo, que na filosofia clássica era próprio de termos como "tirania", "despotismo" e, mais recentemente, "autocracia". Em 1936, Élie Halévy podia definir sua própria época como *l'ère des tyrannies*, mas hoje ninguém mais usaria esta expressão para definir o vintênio entre as duas guerras mundiais: os regimes que Halévy tinha chamado de "tiranias" passaram à história com o nome de "ditaduras".

Tanto quanto tirania, despotismo e autocracia, também "ditadura" é um termo que nos vem da antiguidade clássica. Mas à diferença destes últimos, teve originariamente e durante séculos uma conotação positiva. Chamou-se *dictator* em Roma um magistrado extraordinário, instituído por volta de 500 a.C. e mantido até o fim do III século a.C., que era nomeado por um dos cônsules em circunstâncias excepcionais, como podiam ser a condução de uma guerra (*dictator rei publicae gerundae causa*) ou o debelamento de uma sublevação (*dictator seditionis sedandae causa*), e ao qual eram atribuídos, em decorrência da excepcionalidade da situação, poderes extraordinários, que consistiam sobretudo no enfraquecimento da distinção entre o *imperium domi* — que era o comando soberano exercido dentro dos muros da cidade, enquanto tal sotoposto a limites que hoje chamaríamos de constitucionais, como a *provocatio ad populum* — e o *imperium militiae*, que era o comando militar exercido para além dos muros, e enquanto tal não sotoposto a limites constitucionais. A exorbitância do poder do ditador era contrabalançada pela sua temporaneidade: o ditador era nomeado apenas para a duração do dever extraordinário que lhe fora confiado e, de todo modo, por um período não maior do que seis meses e não maior do que a permanência em cargo do cônsul que o havia nomeado. O ditador era portanto um magistrado extraordinário, mas legítimo, pois sua instituição era prevista pela constituição e o seu poder justificado pelo estado de necessidade (o estado de necessidade é considerado pelos juristas como um fato normativo, isto é, um fato idôneo para suspender uma situação jurídica precedente e dar existência a uma situação jurídica nova). Em poucas palavras, as características da ditadura romana eram: *a*) estado de necessidade com respeito à legitimação; *b*) plenos poderes com respeito à extensão do comando; c) unicidade do sujeito investido do comando; d) temporaneidade do cargo. Enquanto magistratura monocrática, com poderes extraordinários mas legítimos e limitada no tempo, a ditadura sempre se distinguiu da tirania e do despotismo, que na linguagem corrente são freqüentemente confundidos. O tirano é monocrático, exerce um poder absoluto mas não é legítimo e nem mesmo é necessariamente temporâneo. O déspota é monocrático, exerce um poder absoluto, é legítimo mas não temporâneo (ao contrário, é um regime dos tempos longos, como demonstra o exemplo clássico do despotismo oriental). Todas estas três formas têm em comum a monocraticidade e a absoluticidade do poder, mas tirania e ditadura se diferenciam porque a segunda é legítima e a primeira não; despotismo e ditadura se diferenciam porque, embora sendo ambas legítimas, o fundamento de legitimidade do primeiro é de natureza histórico-geográfica, da segunda é o estado de necessidade. A característica à base da qual a ditadura se diferencia tanto da tirania quanto do despotismo é a temporaneidade.

Precisamente esta característica da temporaneidade fez com que os grandes escritores políticos tenham dado um juízo positivo do instituto da ditadura. Num capítulo dos *Discursos* intitulado significativamente *A autoridade ditatorial fez bem e não dano à República romana*, Maquiavel refuta aqueles que sustentaram ter sido a ditadura causa "com o tempo da tirania de Roma" [1513-19, ed. 1977 p. 219], porque a tirania (a referência é a César) não foi o efeito da ditadura mas do prolongamento da ditadura para além dos limites de tempo estabelecido. E vê com agudeza na temporaneidade e na especificidade do comando do ditador o seu aspecto positivo: "O Ditador era nomeado por um determinado período e não perpetuamente, e apenas para corrigir a causa mediante a qual tinha sido criado; sua autoridade estendia-se em poder deliberar por si mesmo os remédios para aquele urgente perigo, fazer tudo sem consulta e punir sem apelação; mas não podia fazer nada que implicasse a diminuição do estado, como seria por exemplo tolher autoridade ao Senado ou ao Povo, desfazer as velhas ordens da cidade e fazer-lhe outras novas" [*ib.*]. No *Contrato social*, após ter observado que as leis não podem prever todos os casos possíveis e que ocorrem casos excepcionais em que é oportuno suspender momentaneamente o efeito delas, Rousseau afirma que "nesses casos raros e evidentes, previne-se a segurança pública por um ato particular que confere a responsabilidade ao mais digno" [1762, trad. it. p. 164]. Esta delegação pode ocorrer de dois modos, ou aumentando a autoridade do governo legítimo, caso em que se altera não a autoridade das leis mas apenas a forma da sua administração, ou então, quando o perigo é tal que o sistema das leis ordinárias pode constituir um obstáculo à ação resolutiva, nomeando um chefe supremo (precisamente o ditador) que "faça com que todas as leis se calem e suspenda momentaneamente a autoridade soberana" [*ib.*]. Também para Rousseau a ditadura é salutar apenas se é rigorosamente limitada no tempo: "Seja qual for o modo por que se confere este importante encargo, é preciso fixar sua duração num prazo bastante curto, que em nenhum caso possa ser prolongado. (...) uma vez passada a necessidade urgente, a ditadura torna-se tirânica ou vã" [*ib.*, p. 167].

10. A ditadura moderna

Como surge claramente da história desta magistratura e das clássicas interpretações que dela foram dadas, o ditador exerce poderes extraordinários mas apenas no âmbito da função executiva (não da legislativa). Tanto Maquiavel quanto Rousseau captam exatamente este limite, escrevendo um, como se viu, que o ditador não podia fazer nada que implicasse "a diminuição do Estado", e o outro que "a suspensão da atividade legislativa", que compete ao ditador, "não a abole de modo algum", pois "o magistrado que a faz calar, não a pode fazer falar" [Rousseau 1762, trad. it. p. 165]. Só na idade moderna, na idade das grandes revoluções, o conceito de ditadura foi estendido ao poder instaurador da nova ordem, isto é, ao poder revolucionário que, como tal, para falar com Maquiavel, desfaz as velhas ordens para novas fazer. Em sua conhecida obra sobre a ditadura [1921], Carl Schmitt distingue a ditadura clássica — por ele denominada, a partir de uma citação de Bodin, de "comissária" (no sentido de que o ditador desempenha o próprio dever extraordinário nos limites da "comissão" recebida) — da ditadura dos tempos modernos ou revolucionária, que ele chama de "soberana", a qual "vê em todo o ordenamento existente um estado de coisas a ser completamente removido pela própria ação", e assim "não suspende uma constituição vigente apoiando-se num direito por ela contemplado, e por isso mesmo constitucional, mas busca criar um estado de coisas no qual seja possível impor uma constituição considerada como autêntica" [trad. it. p. 149]. Também a ditadura revolucionária nasce num estado de necessidade e exerce poderes excepcionais e por sua natureza temporâneos (ao menos nos propósitos iniciais); por estas razões a ela se dá o nome da ditadura, mas a tarefa que lhe é atribuída ou que ela se atribui é muito mais vasta: não é mais a de remediar uma crise parcial do Estado, como pode ser uma guerra externa ou uma insurreição, mas sim a de resolver uma crise total, uma crise que põe em questão a existência mesma de um determinado regime, como pode ser uma guerra civil (isto é, uma guerra que pode assinalar o fim do velho ordenamento e o nascimento do novo). Enquanto o ditador comissário é investido do próprio poder pela constituição, isto é, tem um poder constituído, o ditador soberano recebe o próprio poder de uma auto-investidura ou de uma investidura simbolicamente — mas só simbolicamente — popular, e assume um poder constituinte. Como caso exemplar deste segundo tipo de ditadura pode ser recordado o da Convenção nacional que decide, a 10 de outubro de 1793, suspender a Constituição daquele mesmo ano (que não voltará mais a ter vigor) e estabelece que o governo provisório seja "revolucionário" até que se tenha alcançado a paz. Com respeito à ditadura clássica, a ditadura jacobina não é mais uma magistratura monocrática, em que pese a personalidade de Robespierre, mas é a ditadura de um grupo revolucionário, concretamente do Comitê de saúde pública.

Esta dissociação entre o conceito de ditadura e o conceito de poder monocrático deve ser sublinhada, pois assinala a passagem do uso clássico do termo — que depois da revolução também é aplicado ao regime introduzido por Napoleão, interpretado como ditadura militar — ao uso moderno, divulgado através dos escritos de Marx e de Engels. Nestes, o termo, usado em expressões como "ditadura da burguesia" e "ditadura do proletariado", passa a ser referido não mais a uma pessoa e sequer a um grupo de pessoas, mas a uma classe inteira, embora ao preço da diluição de seu significado originário, tanto que poderia, vantajosamente, ser substituído pelo termo "domínio", como de resto acontece numa expressão tipicamente marxiana e engelsiana como "classe dominante". Porém, a característica distintiva mais importante entre ditadura clássica e ditadura moderna está na extensão do poder, que não está mais apenas circunscrito à função executiva, mas se estende à função legislativa e inclusive à constituinte, mesmo se no caso específico o governo revolucionário francês tende a se apresentar como um governo que não abole mas suspende excepcionalmente e provisoriamente a constituição, portanto como uma ditadura no sentido clássico da palavra. Na realidade, a diferença da ditadura revolucionária (ou, o que é o mesmo, contra-revolucionária) com respeito à comissária deve ser relevada não através das declarações de princípios, entre os quais nunca falta o solene anúncio da própria temporaneidade, mas nos fatos, isto é, nos efeitos por ela produzidos no ordenamento precedente.

11. A ditadura revolucionária

Um passo ulterior na história da fortuna do conceito de ditadura foi o que a fizeram dar os desafortunados precursores de uma revolução (que de fato não aconteceu) igualitária, Babeuf, Buonarroti e companheiros, os protagonistas da conspiração dos Iguais (9-10 de setembro de 1795). Em seu pensamento — e em particular no de Buonarroti, que, sobrevivendo à condenação de seus companheiros, tornou-se nos últimos anos da sua longa vida o historiador e o teórico da conjura no livro *Conspiração pela igualdade dita de Babeuf* [1828] —, estava bem clara a idéia de que a revolução deveria ser realizada por um punhado de homens, simultaneamente audazes e iluminados, e de que à explosão revolucionária deveria seguir um estado transitório marcado pelo exercício de poderes excepcionais concentrados nas mãos de poucas pessoas (verdadeiro precedente histórico do estado de transição de Marx e de Lênin), enfim de que a nova sociedade dos Iguais deveria ser instaurada somente depois que a ditadura revolucionária conseguisse eliminar todos os vestígios do passado, recorrendo para tanto, se necessário, à violência, não apenas contra os opressores do povo mas também contra o próprio povo considerado como "incapaz de se regenerar por si mesmo". Buonarroti escreve que para superar as dificuldades que obstaculizam o sucesso da revolução faz-se necessária a força de todos, mas esta força não é nada "se não é dirigida por uma vontade forte, constante, iluminada, imutável" e que "muitas reformas são necessárias antes que a vontade geral possa ser emitida e reconhecida" [1828-29, trad. it. p. 496]. Uma das tarefas que Buonarroti atribui ao governo revolucionário dos "sábios" consiste em preparar a nova constituição que deverá concluir a fase revolucionária, mostrando deste modo, para além de qualquer dúvida, que a característica saliente da ditadura revolucionária é o exercício do poder soberano por excelência que é o poder constituinte. Resta sublinhar que, não diversamente do uso clássico do termo, também no novo contexto "ditadura", embora tendo alterado seu significado descritivo, não perdeu nada da originária conotação positiva com respeito ao significado valorativo. À diferença do uso hodierno, no qual "ditadura" enquanto contraposta a "democracia" assumiu, como já pude observar, uma conotação quase sempre negativa, o primeiro uso de "ditadura" para designar a ditadura revolucionária (e de resto também a ditadura militar) ressente-se do favor de que gozou o magistrado romano chamado em situações excepcionais para salvar a república de guerras ou rebeliões, e o termo acabou por ser ainda usado com uma conotação geralmente positiva. De resto, não se deve esquecer que no Setecentos também fora usado com uma conotação positiva, pela primeira vez, o termo "despotismo", na contraposição que o fisiocrata Le Mercier de la Rivière tinha claramente delineado entre despotismo arbitrário "fabricado pela opinião que se presta a todas as desordens, a todos os excessos aos quais a ignorância o torna suscetível" e despotismo legal, "estabelecido natural e necessariamente sobre a evidência das leis de uma ordem essencial", e portanto entendido como a melhor forma de governo que precisamente pela monocraticidade e pela absoluticidade do poder está em condições de ler desapaixonadamente e perfeitamente o grande livro da natureza, proclamando e fazendo aplicar as únicas leis que devem regular a ordem social, as leis naturais. Bastara um adjetivo "iluminado" para alterar o valor de um termo como "despotismo", execrado ao longo dos séculos. Quando Buonarroti chama de "iluminada" a vontade do comitê de corajosos que deve guiar a revolução e de "sábios" os componentes do governo do estado de transição, convida-nos a aproximar a idéia da ditadura revolucionária da idéia do despotismo iluminado.

A idéia da ditadura revolucionária como governo provisório e temporâneo imposto por circunstâncias excepcionais, passou na teoria e na prática de Blanqui, mas não na teoria política de Marx, que falou de ditadura do proletariado no sentido de domínio de classe e não de um comitê e muito menos de um partido, e portanto não no sentido tradicional de forma típica de exercício do poder, não naquele sentido que o termo tinha substancialmente conservado na passagem da ditadura clássica à moderna. As únicas observações feitas por Marx sobre o estado de transição são extraídas da experiência da Comuna de Paris entre março e maio de 1871, e dedicam-se a mostrar que o governo da Comuna é uma forma de democracia mais avançada do que a democracia representativa dos mais avançados estados burgueses. Não obstante isso, no prefácio aos escritos de Marx sobre as guerras civis em França, Engels vê na Comuna de Paris uma primeira, grande e terrível prova da ditadura do proletariado. Mas isto torna ainda mais exemplarmente evidente que uma coisa é o domínio de classe (ditadura em sentido não técnico), outra coisa é a forma de governo em que este domínio se exprime (que de fato não era, no caso da Comuna, ao menos na interpretação de Marx, uma ditadura em sentido técnico).

Na expressão marxiana "ditadura do proletariado", o termo "ditadura" não tem um significado valorativo particularmente relevante: desde o momento em que todos os Estados são ditaduras, no sentido de domínio de uma classe, o termo indica substancialmente um estado de coisas e tem, portanto, um significado essencialmente descritivo. A passagem do significado valorativo positivo próprio da ditadura seja como magistratura seja como governo revolucionário ao significado valorativo negativo, hoje predominante, como afirmei no início, ocorreu em decorrência do fato de que por ditadura se entende agora cada vez mais não genericamente o domínio de uma classe, mas uma forma de governo, isto é, um modo de exercício do poder. Na extensão do conceito passam a entrar mais ou menos todos os modos não democráticos de exercício do poder: neste alargamento de suas conotações, o conceito de ditadura perdeu gradualmente algumas características essenciais que tinham servido para denotá-lo, primeiras de todas aquela do estado de necessidade e aquela da temporaneidade, precisamente aquelas denotações que haviam justificado ao longo de todo o curso da filosofia política um juízo positivo sobre a instituição (o ditador romano) e sobre a forma de governo a partir dela modelada (a ditadura revolucionária).

Referências bibliográficas

Almond, G. A. e Powell, G. B.
1966 *Comparative Politics. A Developmental Approach*, Little and Brown, Boston (trad. it. Il Mulino, Bolonha 1970).

Althusius, J.
1603 *Politica methodice digesta exemplis sacris et profanis illustrata*, s. e., Herborn 1614³; ed. Harvard University Press, Cambridge (Mass.) 1932.

Anônimo
1765a *Société (Morale)*, in *Encyclopédie, ou Dictionnaire raisonné des sciences, des arts et des métiers, par une société de gens de lettres. Mis en ordre et publié par M. Diderot..., et quant à la Partie Mathématique, par M. d'Alembert...,* Briasson, David, Le Breton, Durand, Paris 1751-65, vol. XV, pp. 252-58 (trad. it. in *Enciclopedia o dizionario ragionato delle scienze, delle arti e dei mestieri*, antologia, Laterza, Bari 1968, pp. 841-61).
1765b *Société civile*, ib.. p. 259.

Böckenförde, E. W. (org.)
1976 *Staat und Gesellschaft*. Wissenschaftliche Buchgesellschaft, Darmstadt.

Bodin, J.
1576 *Les Six livres de la République*, Du Puys, Paris (trad. it. parcial Utet, Turim 1964).

Bukhárin, N. I. e Preobrachensky, E. A.
1919 *Asbuka Kommunizma*, s.e., Moscou (trad. it. Edizioni del Bosco, Roma 1973).

Buonarroti, F.
1828 *Conspiration pour l'égalité dite de Babeuf*, Librairie Romantique, Bruxelas (trad. it. Einaudi, Turim 1971).
[1828-29] [Sui caratteri del governo rivoluzionario], fragmento manuscrito publicado in A. Galante Garrone, *Fillippo Buonarroti e i rivoluzionari dell'Ottocento (1828-1837)*, Einaudi, Turim 1951.

Burke, E.
1790 *Reflections on the Revolution in France*, Dodsley, Londres (trad. it. in *Scritti politici*, Utet, Turim 1963, pp. 149-443).

Croce, B.
1925 *Politica "in nuce"*, in *Elementi di politica*, Laterza, Bari. Agora em *Etica e politica*, Laterza, Bari 1954, pp. 217-54.

Dahl, R. A.
1963 *Modern Political Analysis*, Prentice-Hall, Englewood Cliffs (N.J.) (trad. it. Il Mulino, Bolonha 1967).

Elia, L.
1970 *Governo (forme di)*, in *Enciclopedia del diritto*, vol. XIX, Giuffrè, Milão, pp. 634-75.

Evans-Pritchard, E. E. e Fortes, M. (org.)
1940 *African Political Systems*, Oxford University Press, Londres.

Farnetti, P.
1973 Introdução a P. Farneti (org.), *Il sistema politico italiano*, Il Mulino, Bolonha, pp. 7-60.

Filmer, R.
1680 *Patriarcha. Or the Natural Power of Kings*, Chiswell, Londres (trad. it. in J. Locke, *Due trattati sul governo*, Utet, Turim 1960, pp. 449-533).

Gramsci, A.
[1930-32a] *Passato e presente. I cattolici e lo Stato*, in *Quaderni del carcere*. Einaudi, Turim 1975, pp. 662-63.
[1930-32b] *Armi e religione*, ib., pp. 762-63.
[1932] *Appunti e note sparse per un gruppo di saggi sulla storia degli intellettuali*, ib., pp. 1511-51.

Grócio, U.
1625 *De iure Belli ac Pacis libri tres*, Buon, Paris (trad. it. Zanichelli, Bolonha 1961).

Gurvitch, G.
1944 *La déclaration des droits sociaux*, Editions de la Maison française, Nova Iorque; ed. Vrin, Paris 1946² (trad. it. Comunità, Milão 1959).

Habermas, J.
1964 *Öffentlichkeit*, in *Fischer-Lexikon*, II. *Staat und Politik*, Fischer Bücherei, Frankfurt-Hamburgo 1957. Agora em *Kultur und Kritik*, Suhrkamp, Frankfurt, pp. 61-69 (trad. it. Einaudi, Turim 1980, pp. 53-60).

Haller, K. L. von
1816 *Restauration der Staats-Wissenschaft, oder Theorie des natürlichgesellingen Zustands der Chimäre des Künstlich bürgerlichen entgegengesetzt*, vol. I, Steiner, Winterthur (trad. it. Utet, Turim, 1963).

Hamilton, A.; Jay, J. e Madison, J.
[1787-88] *The Federalist*, MacLean, Nova Iorque 1788 (trad. it. Il Mulino, Bolonha 1980).

Hegel, G. W. F.
[1799-1802] *Kritik der Verfassung Deutschlands*, Fischer, Kassel 1893 (trad. it. in *Scritti politici*, Einaudi, Turim 1972, pp. 3-132).
[1808-12] *Philosophische Propädeutik*, Duncker und Humblot, Berlim 1840 (trad. it. Sansoni, Florença 1951).
1821 *Grundlinien der Philosophie des Rechts*, Nicolai, Berlim (trad. it. Laterza, Bari 1965).
[1830-31] *Vorlesungen über die Philosophie der Geschichte*, Frommann, Stuttgart 1934.

Hobbes, Th.
1642 *Elementorum Philosophiae, Sectio Tertia. De Cive*, Elzevier, Amsterdam 1647² (trad. it. in *Opere politiche*, Utet, Turim 1959, pp. 57-390).
1651 *Leviathan, or the Matter, Form and Power of a Commonwealth, Ecclesiasticall and Civill*, Crooke, Londres (trad. it. La Nuova Italia, Florença 1976).

Jellinek, G.
1911 *Allgemeine Staatslehre*, Häring, Berlim (trad. it. Società editrice libraria, Milão 1921).

Kant, I.
1796 *Zum ewigen Frieden. Ein philosophischer Entwurf*, Nicolovius, Königsberg (trad. it. in *Scritti politici e di filosofia della storia e del diritto*, Utet, Turim 1965,² pp. 283-335).
1797 *Die Metaphysik der Sitten*, I. *Metaphysische Anfangsgründe der Rechtslehre*, Nicolovius, Königsberg (trad. it. in *Scritti politici e di filosofia della storia e del diritto*, Utet, Turim 1965,² pp. 337-567).

Kelsen, H.
1922 *Der soziologische und der juristische Staatsbegriff. Kritische Untersuchung des Verhältnisses von Staat und Recht*, Mohr, Tübingen.
1945 *General Theory of Law and State*, Harvard University Press, Cambridge (Mass.) (trad. it. Comunità, Milão 1967⁵).
1960 *Reine Rechtslehre*, Deuticke, Viena 1960 (trad. it. Einaudi, Turim 1975).

Lasswell, H. D. e Kaplan, A.
1952 *Power and Society. A Framework for Political Inquiry*, Routledge and Kegan Paul, Londres 1952 (trad. it. Etas Kompass, Milão 1969).

Lênin, V. I.
1917 *Gosudarstvo i revoliutsïa* Jizn i Znanie, Petrogrado 1918 (trad. it. Editori Riuniti, Roma 1977).

Locke, J.
1960 *Two Treatises of Government*, Churchill, Londres (trad. it. Utet, Turim 1960).
1694 *An Essay on Human Understanding*, Ballet, Londres 1694 (trad. it. Laterza, Bari 1972).

Luhmann, N.
1972 *Rechtssoziologie*, Rowohlt, Hamburgo (trad. it. Laterza, Bari, 1977).

Lutero, M.
1523 *Von welltlicher uberkeytt, wie weytt man yhr gehorsam schuldig sey*, Schyrlentz, Wittenberg (trad. it. in *Scritti politici*, Utet, Turim 1959, pp. 393-442).

Maquiavel, N.
[1513] *Il Principe*, Blado, Roma/Giunta, Florença 1532; ed. Einaudi, Turim 1977.
[1513-19] *Discorsi sopra la prima deca di Tito Livio*, Blado, Roma/Giunta, Florença 1531; ed. Feltrinelli, Milão, 1977.

Marx, K.
[1843] *Zur Judenfrage*, in "Deutsch-Franzosische Jahrbücher", n.º 1 (1844) (trad. it. in *Scritti politici giovanili*, Einaudi, Turim 1975, pp. 355-93).
1859 *Zur Kritik der politischen Okonomie*, Duncker, Berlim (trad. it. in *Il capitale*, Einaudi, Turim 1975, livro I, apêndice).

Marx, K. e Engels, F.
1845 *Die heilige Familie, oder Kritik der kritischen Kritik. Gegen Bruno Bauer und Consorten*, Rütten, Frankfurt (trad. it. in *Opere complete*, vol. IV, Editori Riuniti, Roma 1972, pp. 3-234).

Montesquieu, Ch.-L. de Secondat de
1734 *Considérations sur les causes de la grandeur des Romains et de leur décadence*, Desbordes, Amsterdam (trad. it. Einaudi, Turim 1968).
1748 *De l'Esprit des lois* ..., Barrillot et fils, Genebra (trad. it. Utet, Turim 1965).

More, Th.
1516 *De optimo rei publicae statu deque nova insula Utopia*, Martens, Louvain (trad. it. Utet, Turim 1971).

Mortati, C.
1969 *Instituzioni di diritto pubblico*, Cedam, Pádua 1969.

Mosca, G.
1896 *Elementi di scienza politica*, Bocca, Roma; ed. Laterza, Bari 1923.
1933 *Storia delle dottrine politiche*, Laterza, Bari 1937.

Nozick, R.
1974 *Anarchy, State and Utopia*, Basic Books, Nova Iorque (trad. it. Le·Monnier, Florença 1981).

Paine, Th.
1776 *Common Sense, Addressed to the Inhabitants of America*, Phoenix, Baltimore (trad. it. in *I diritti dell'uomo*, Editori Riuniti, Roma 1978, pp. 65-107).

Pasukanis, E. B.
1924 *Obchtchaia teoriia prava i marksizm*, Izdatelstvo Kommunisticheskoi Akademii, Moscou 1927 (trad. it. in *Teorie sovietiche del diritto*, Giuffrè, Milão 1964, pp. 75-238).

Pufendorf, S.
1672 *Di iure naturae et gentium*, Haberegger, Londres (trad. it. parcial Paravia, Turim 1952).

Radbruch, G.
1932 *Rechtsphilosophie*, Quelle und Meyer, Leipzig.

Rawls, J.
1971 *A Theory of Justice*, The Belknap Press of Harvard University Press, Cambridge (Mass.).

Rosmini-Serbati, A.
1841-43 *Filosofia del diritto*, 2 vol., Boniardini-Pogliani, Milão; ed. Cedam, Pádua 1967-69.

Rousseau, J.-J.
1762 *Du contrat social*, Rey, Amsterdã (trad. it. Einaudi, Turim 1971).

Russell, B.
1938 *Power. A New Social Analysis*, Allen and Unwin, Londres (trad. it. Feltrinelli, Milão 1976).

Schmitt, C.
1921 *Die Diktatur*, Duncker und Humblot, Berlim/Leipzig (trad. it. Laterza, Bari 1975).
1928 *Verfassungslehre*, Duncker und Humblot, Munique/Leipzig.

Spinoza, B.
1670 *Tractatus theologico-politicus*, Künraht, Hamburgo (trad. it. Einaudi, Turim 1972).

Tocqueville, A. de
1835-40 *De la démocratie en Amérique*, Gosselin, Paris (trad. it. in *Scritti politici*, II, Utet, Turim 1973).
1848 *Avertissement de la douzième édition* in *De la démocratie en Amérique*, Pagnerre, Paris 1848 (trad. it. *ibid.*, pp. 9-11).

Treitschke, H. von
[1874-96] *Politik. Vorlesungen gehalten an der Universitat zu Berlin*, Hirzel, Leipzig 1897-98 (trad. it. Laterza, Bari 1918).

Vico, G.
1720 *De universi iuris uno principio et uno fine*, in *Il diritto universale*, Laterza, Bari 1936.
1744 *La Scienza nuova giusta l'edizione del 1744*, Laterza, Bari 1967.

Weber, M.
[1908-20] *Wirtschaft und Gesellschaft. Grundriss der verstehenden Soziologie*. Mohr, Tübingen 1922 (trad. it. Comunità, Milão 1968).

Este livro foi impresso na Divisão Gráfica da
DISTRIBUIDORA RECORD DE SERVIÇOS DE IMPRENSA S.A.
Rua Argentina, 171 - Rio de Janeiro/RJ - Tel.: 2585-2000